Anton Tchékhov

O jardim das cerejeiras

seguido de

Tio Vânia

Tradução de MILLÔR FERNANDES

www.lpm.com.br

L&PM POCKET

Coleção **L&PM** POCKET, vol. 755

Título original: *Vishnëviy Sad* e *Dyana Vanya*

Primeira edição na Coleção **L&PM** POCKET: maio de 2009
Esta reimpressão: junho de 2011

Tradução: Millôr Fernandes
Capa: L&PM Editores
Preparação: Patrícia Yurgel
Revisão: Lia Cremonese

CIP-Brasil. Catalogação-na-Fonte
Sindicato Nacional dos Editores de Livros, RJ.

T244j

Tchekhov, Anton Pavlovitch, 1860-1904
O jardim das cerejeiras; seguido de, Tio Vânia / Anton Tchékhov; tradução de Millôr Fernandes. – Porto Alegre, RS : L&PM, 2011.
160p. – (L&PM POCKET ; v. 755)

Título original: *Vishnëviy Sad* e *Dyana Vanya*
ISBN 978-85-254-1866-1

1. Teatro russo (Literatura). I. Tchekhov, Anton Pavlovitch, 1860-1904. Tio Vânia. II. Fernandes, Millôr, 1924-. III. Título. IV. Título: Tio Vânia. V. Série.

09-0388. CDD: 891.73
CDU: 821.161.1-2

Rua Comendador Coruja 314, loja 9 – Floresta – 90.220-180
Porto Alegre – RS – Brasil / Fone: 51.3225.5777 – Fax: 51.3221-5380

Pedidos & Depto. Comercial: vendas@lpm.com.br
Fale conosco: info@lpm.com.br
www.lpm.com.br

Impresso no Brasil
Outono de 2011

Anton Tchékhov
(1860-1904)

Anton Pávlovitch Tchékhov nasceu em 17 de janeiro na cidade portuária de Taganrog, ao sul da Rússia, sendo o terceiro dos seis filhos da família. Desde pequeno ajudou seu pai, filho de um servo emancipado, nos trabalhos da mercearia. Devido a problemas financeiros, o negócio teve que ser fechado, e sua família se mudou para Moscou. Ele permaneceu em Taganrog por mais três anos para finalizar os estudos e garantiu seu sustento dando aulas particulares.

Um grande observador da sociedade desde pequeno, Tchékhov começou a escrever cedo, antes mesmo de entrar na universidade. Aos dezessete, escreveu uma tragédia, destruída por ele em seguida. Dois anos depois se mudou para Moscou para estudar medicina. Voltou a ficar perto da família, que vivia em condições muito precárias. Nessa época sua produção literária se intensificou: o primeiro conto foi publicado em 1880, seguido por inúmeros outros – a maioria carregados de um teor satírico e humorístico – que começaram a aparecer em periódicos russos sob o pseudônimo de Antocha Tchekontc. Desde cedo chamou atenção pela rapidez com que escrevia, demorando às vezes apenas um dia para criar pequenas obras-primas como o apaixonado "A dama do cachorrinho" (1899), a mais célebre de suas histórias curtas, sobre um amor aparentemente improvável; o inquietante "Enfermaria nº 6" (1892), clássico conto sobre o abuso psiquiátrico, entre centenas de outros, marcados pela simplicidade e pela exatidão na escolha das palavras. A abordagem tchekoviana é muito mais a da sugestão, que faz com que seus contos sejam carregados ao mesmo tempo em densidade e sutileza.

Após a formatura, Tchékhov exerceu a medicina em uma clínica no interior da Rússia, convivendo de perto com trabalhadores e latifundiários, funcionários públicos e nobres, que posteriormente seriam retratados em sua obra. Esse foi um período de reflexão, do qual seu lado escritor saiu amadurecido. Os contos dessa época ganharam profundidade, e seu olhar sobre a sociedade foi se transformando a ponto de se aproximar da alma dos personagens, revelando seus estados psicológicos, uma das características que fazem sua obra ser tão singular. A primeira antologia de contos foi publicada em 1887, com enorme sucesso. No mesmo ano, apareceram os primeiros problemas de saúde que culminariam numa tuberculose, e Tchékhov se recolheu ao sul da Rússia para tratamento. O frescor da juventude se esvaiu, dando lugar a um humor mais comedido. Mesmo declarando que não era seu desejo se tornar um dramaturgo, começou a escrever pequenos esquetes, para depois, já um escritor maduro, subverter a arte dramática, criando um novo paradigma de teatro ao mostrar o drama da vida cotidiana no palco. Uma de suas primeiras peças foi *Ivanov* (1887), escrita em duas semanas e meia, seguida por *O urso*, de 1888. Nesse mesmo ano, Tchékhov foi condecorado com o prestigioso prêmio Púchkin, concedido pela Academia de Ciências da Rússia.

Em 1890, o autor empreendeu uma viagem à ilha de Sakhalina, local de trabalhos forçados, na qual realizou um censo da população. O clima do extremo leste da Sibéria fez com que sua saúde se deteriorasse rapidamente. Em 1896, depois de um fracasso em São Petersburgo, estreou com êxito *A gaivota*, montada pela companhia do Teatro de Arte de Moscou, de Stanislávski. O ator e diretor russo montaria outros três sucessos de Tchékhov: *Tio Vânia* (1897), *As três irmãs* (1901) e *O jardim das cerejeiras* (1904).

Em 1901, o escritor casou-se com a atriz Olga Knipper, que participou da montagem de algumas de suas peças. O casamento foi um pouco atribulado, uma vez que Tchékhov, seguindo conselhos médicos, mudou-se para Ialta, no Mar Negro, enquanto sua esposa permaneceu em Moscou.

Tchékhov morreu em 1º de julho de 1904, na cidade alemã de Badenweiller, em decorrência de complicações provocadas pela tuberculose. Está enterrado no cemitério Novodévichi, em Moscou.

Livros do autor na Coleção **L&PM** POCKET:

Um homem extraordinário e outras histórias
A dama do cachorrinho e outras histórias

Sumário

O jardim das cerejeiras

NOTA DO TRADUTOR

Millôr Fernandes

Até traduzir esta peça de Tchékhov eu pensava que o título dela, já clássico em português, *O jardim das cerejeiras*, fosse resultado da tendência natural dos tradutores *poetizarem* títulos. Achava que o título em russo, dadas as enormes dimensões do "Jardim", devia ser "O cerejal". Só agora, estudando mais profundamente a peça – esta tradução se baseia em dez versões diferentes –, verifiquei que Tchékhov chamou mesmo sua peça de *O jardim das cerejeiras*. A informação, que me foi trazida pelo tchekhólogo Jorge Takla, vem de fonte insuspeita, Constantin Stanislavski, criador do naturalismo no teatro russo, que montou pela primeira vez os trabalhos teatrais de Tchékhov, tendo, aliás, representado o personagem Gaiév nesta peça. Em sua biografia, Stanislavski explica longamente o título, desfazendo uma confusão que existiu até entre ele e o autor:

"'Ouça, achei um título maravilhoso', me disse Tchékhov, em sua casa. '*Víshneviy Sad*' (O cerejal), e ria, feliz. Pedi que me explicasse o que via de extraordinário no título. Mas ele repetia apenas, com várias entonações: '*Víshneviy Sad. Víshneviy Sad*'. Compreendi que se referia a alguma coisa linda, amada com ternura, porém que o sentido não estava no nome, mas na entonação. Com todo o cuidado disse isso a ele. Imediatamente a alegria e o triunfo desapareceram do rosto de Tchékhov.

Só uma semana depois entrou no meu camarim e conseguiu se explicar: 'Ouça, não é *Víshneviy Sad*. É *Vishnëviy Sad*'. Aí compreendi a grande diferença. *Víshneviy Sad* é um cerejal comum, que dá lucro. Mas *Vishnëviy* (Vichiniovii)

Sad não é utilitário. Esconde na sua brancura florida a grande poesia da vida aristocrática que se acaba. Cresce apenas para a beleza, para os olhos dos estetas privilegiados."

Personagens

Liuba (madame Andrêievna Raniévskaia) – Proprietária do cerejal.

Ânia – Filha de Raniévskaia, dezessete anos.

Vária – Filha adotiva de Raniévskaia, 24 anos.

Gaiév (Leonid Andreiêvitch) – Irmão de Raniévskaia.

Lopakhine (Iermolai Alexêievitch) – Negociante.

Trofímov, apelidado de Pétia (Piotr Serguêievitch) – Estudante.

Pichtchik (Bóris Borissovitch Simionov) – Proprietário de terras.

Carlota Ivanóvna – Governanta.

Epikodov (Sêmion Panteleiêvitch) – Guarda-livros.

Duniacha – Criada.

Firs – Criado de 87 anos.

Iacha – Criado jovem.

Chefe da estação

Funcionário dos Correios

Visitantes

Criados

Cachorro

A ação transcorre na propriedade de Liuba Raniévskaia.

PRIMEIRO ATO

(Um aposento, que sempre foi chamado de o quarto das crianças. *Uma porta dá pro quarto de Ânia. Madrugada, o sol vai nascer. É maio, as cerejeiras estão em flor mas, com a geada do amanhecer, faz muito frio no jardim. As janelas estão fechadas. Duniacha entra com uma vela e Lopakhine com um livro.)*

LOPAKHINE – O trem chegou, graças a Deus. Que horas são?

DUNIACHA – Quase duas. *(Apaga a vela.)* Já é dia.

LOPAKHINE – Mas que atraso: quase duas horas! *(Boceja e se espreguiça.)* Olha só o idiota que eu sou. Vim especialmente pra pegar o pessoal na estação e ferrei no sono. Sentei aí na cadeira e tum! – só quando acordei vi que tinha dormido. Me dá um desagrado de mim mesmo, isso... Você devia ter me acordado.

DUNIACHA – Pensei que o senhor tinha ido embora. *(Ouve.)* Olha, são eles – acho que são eles!

LOPAKHINE – *(Ouve.)* Não; aquilo demora – tem toda a bagagem, gente, cumprimentos... *(Pausa.)* Liuba Andrêievna esteve cinco anos no estrangeiro: imagino o que terá mudado. Que criatura esplêndida! Sempre de boa vontade. Tão simples. Eu me lembro, quando era um rapazinho de quinze anos, o meu velho pai – tinha uma lojinha aqui na aldeia – me deu um soco na cara, meu nariz espirrou sangue. Nós tínhamos vindo fazer alguma coisa aqui, não me lembro o quê, ele estava bêbado, isso eu me lembro. Liuba Andrêievna, ainda estou vendo, era bem mocinha, magrinha, me levou pra lavar o rosto, depois me trouxe pra cá pro quarto das crianças e me disse: "Não chora não camponesinho, quando você casar isso passa". *(Pausa.)* Camponesinho. É verdade, meu pai era um mujique, e aqui estou eu, colete branco, bota amarela, um porco bem vestido num salão de chá. É, um homem rico, mas, com tudo o que tenho, basta uma raspadela que aparece o matuto. Nasci campônio, continuo sendo. *(Vira as páginas do livro.)* Estava lendo este livro, mas não consegui juntar pé com cabeça e caí no sono.

DUNIACHA – Os cachorros latiram a noite inteira; viram que a dona ia chegar.

LOPAKHINE – Está sentindo alguma coisa, Duniacha?

DUNIACHA – Minhas mãos estão tremendo. Acho que vou desmaiar.

LOPAKHINE – Você está é muito mal-acostumada, Duniacha. Refinada demais. Se veste como uma senhora, se penteia também como uma dama. Não é assim não! Você tem que conhecer o seu lugar. *(Entra Epikodov, com um ramo de flores. Um casaco curto, e botas muito bem engraxadas, que rangem forte. Deixa cair as flores, ao entrar. Apanha-as.)*

EPIKODOV – Eis aqui – o jardineiro enviou. Recomendou pô-las na sala de jantar. *(Entrega as flores a Duniacha.)*

LOPAKHINE – E me arranja uma bebida, um *kvass*.

DUNIACHA – Sim senhor. *(Sai.)*

EPIKODOV – Manhã gélida, hein? Três abaixo de zero. Mas as cerejeiras estão aí, florescentes! Sinceramente, não aprovo o nosso clima. *(Suspira.)* Não é propício – jamais colabora. Tempo intemporal. Alexêievitch Lopakhine, permita-me chamar-lhe a atenção para um fato inusitado. *(Gesto para as botas.)* Adquiri este par de botas tresanteontem e rangem, como ouve *(Anda.)*, um pouco além do suportável. Aconselha um pouco de graxa? Resolve o meu problema?

LOPAKHINE – Não me amola. Vai embora.

Epikodov – Todo o dia é uma desgraça nova. Não me queixo, já estou acostumado. Encaro até com um sorriso, algumas vezes. *(Duniacha entra, entrega a bebida a Lopakhine.)* Já vou indo. *(Tropeça numa cadeira, que cai.)* Olha aí! *(Com voz triunfante.)* É apenas uma amostra do que... do que eu afirmava. Coisa estarrecedora. *(Sai.)*

Duniacha – Posso lhe contar um segredo, Alexêievitch Lopakhine? Epikodov me pediu em casamento.

Lopakhine – Huuummm!

Duniacha – E eu não sei o que fazer. É um rapaz muito sério, mas algumas vezes, quando começa a falar, eu não entendo uma palavra. O que ele me diz é muito bonito, eu fico toda comovida... só que não entendo nada. Até que eu gosto dele, também. E ele está louco por mim, claro. Mas não tem sorte mesmo – toda hora lhe acontece uma. E o pessoal não tem pena, casca em cima dele – chamam ele de "Vinte e duas desgraças".

Lopakhine – São eles – chegaram mesmo. Vamos lá na porta, receber. Será que ela me reconhece? São cinco anos!...

Duniacha – Eu vou desmaiar... Eu vou cair aqui... vou... *(Ouvem-se carruagens se aproximando da casa. Lopakhine e Duniacha saem rapidamente. O palco fica vazio. Barulhos nos aposentos vizinhos. Firs, que foi à estação buscar madame Liuba, cruza a cena depressa, apoiado numa bengala. Usa uma libré antiga e cartola. Fala sozinho, e não se entende nada do que diz. O barulho fora de cena aumenta. Uma voz:* "Não. Por aqui!" *Entram Liuba, Ânia e Carlota com um cachorrinho numa corrente, todos em roupas de viagem. Vária usa um casacão e tem um lenço amarrado na cabeça. Gaiév, Pichtchik, Lopakhine e Duniacha vêm atrás. Duniacha traz mala e sombrinha. Empregados carregam outras coisas.)*

Ânia – Olha o quarto, mamãe! Lembra?

Liuba – *(Sorrindo e chorando.)* O quarto das crianças.

Vária – Está um gelo aqui. Minhas mãos estão dormentes. *(Para Liuba.)* Seus quartos, mamãe, o branco e o rosa, estão exatamente como a senhora deixou.

Liuba – Meu quarto de criança, lindo, meu querido quarto de brinquedos. Eu dormia aqui, quando era menina. *(Chora.)* E aqui estou eu, de novo, menina outra vez... Meu irmão! *(Beija Gaiév e Vária. Beija o irmão de novo.)* Vária, você não mudou nada – a minha freirinha. E essa aí... é Duniacha! *(Beija Duniacha.)*

Gaiév – O trem chegou com duas horas de atraso. Uma notável administração.

Carlota – *(A Pichtchik, falando do cachorro.)* Come até nozes.

Pichtchik – Não me diga! *(Saem todos, menos Ânia e Duniacha.)*

Duniacha – Puxa, como nós esperamos! *(Pega o casaco e o chapéu de Ânia.)*

Ânia – Há quatro noites que não durmo. A viagem toda! Fez um frio pavoroso.

Duniacha – Você foi embora na quaresma, era inverno, se lembra? Tanta neve e tanto gelo. E agora... Minha querida! *(Beija-a rindo.)* Como eu senti sua falta, meu anjo, minha alegria. Mas tenho uma coisa pra lhe contar, não posso esperar nem mais um minuto...

Ânia – *(Cansada.)* Sei, sei. Depois, Duniacha.

Duniacha – Me pediram em casamento.

Ânia – *(Sem espanto.)* Não diz.

Duniacha – Epikodov, o guarda-livros. Na Semana Santa.

Ânia – Ah, Duniacha! Você! *(Endireita o cabelo.)* Perdi todos os meus grampos. *(Está caindo de cansada.)*

Duniacha – Eu não sei o que fazer. Só sei que ele me ama – está perdido de amor.

ÂNIA – *(Olhando para a porta com ternura.)* Meu quarto, minhas janelas, será que fui mesmo embora? Em casa, outra vez! Amanhã de manhã quando acordar vou correr pelo jardim... Se eu conseguir dormir! Não dormi a viagem toda de tão ansiosa.

DUNIACHA – Piótr Trofímov chegou antes de ontem.

ÂNIA – *(Alegre.)* Pétia!

DUNIACHA – Está dormindo no pavilhão de banho – se arranjou por lá. Disse que não queria incomodar ninguém. *(Olha o relógio.)* Pediu pra eu o acordar, mas dona Vária disse que não. "Deixa ele dormir", ela falou. *(Vária entra com uma penca de chaves na cintura.)*

VÁRIA – Duniacha, café! Rápido, menina! Mamãe está pedindo.

DUNIACHA – Num minuto. *(Sai.)*

VÁRIA – Bom, graças a Deus, chegaram. Você voltou pra casa. *(Acaricia Ânia.)* A minha queridinha voltou. A minha adorada, a minha preciosa irmãzinha está aqui de novo.

ÂNIA – Eu não agüentava mais! Foi horrível!

VÁRIA – Eu sei. Eu sei.

ÂNIA – Saímos daqui na Sexta-Feira Santa – no trem eu pensei que ia morrer de frio. E Carlota, que não parava de falar, a viagem toda fazendo aqueles truques com cartas e mágicas de circo. Não sei por que você me obrigou a carregar Carlota.

VÁRIA – Meu amor, eu não ia te deixar viajar sozinha. Você tem dezessete anos.

ÂNIA – Quando chegamos em Paris, lá estava um frio louco, também nevava. Meu francês é uma vergonha. Mamãe mora num quinto andar – quando eu entrei tinha uma porção de franceses, umas senhoras também, e um padre velho com uma Bíblia. O lugar estava cheio de fumo, não tem conforto nenhum. Me deu uma pena, eu fiquei tão triste por causa da mamãe que me atirei em cima dela, abracei-a com força, segurei o rosto dela e não queria largar mais. E ela... mamãe... sempre tão boa, me abraçou também. Chorou.

Vária – *(Entre lágrimas.)* Chega, Ânia, chega!

Ânia – Ela já tinha vendido a vila em Mentone, estava sem nada, nem um níquel. E nós também, tínhamos apenas o dinheiro contado para voltar. Mas mamãe não compreende! Quando descíamos para comer nas estações, ela sempre pedia os pratos mais caros e dava aos garçons gorjetas incríveis. Carlota não fazia por menos. E até Iacha! Igualzinho! Pede sempre o mesmo que pedimos. É uma despesa assustadora. *(Noutro tom.)* Não sei se você sabe que Iacha agora é criado particular de mamãe: voltou conosco.

Vária – Eu vi o patife.

Ânia – E por aqui, me diz? Conseguimos pagar os juros da hipoteca?

Vária – Com quê?

Ânia – Nada!?

Vária – Em agosto a propriedade vai a leilão.

Ânia – Santo Deus!

Lopakhine – *(Mete a cabeça na porta e bale.)* Mééééé!... *(Desaparece.)*

Vária – *(Aborrecimento fingido, sacudindo o punho.)* Se eu pego esse diabo, eu...

Lopakhine – *(Fora de cena, longe.)* Méééé!...

Ânia – *(Baixo, abraçando Vária.)* Diz, ele já te pediu em casamento? *(Vária nega com a cabeça.)* Mas ele não gosta de você? Não te ama? Por que vocês não falam claro, não se entendem? Que é que estão esperando?

Vária – Acho que isso não vai dar em nada. Ele está sempre tão ocupado... Não tem tempo pra mim. Nem me presta atenção. Eu não suporto mais essa situação, prefiro nem vê-lo. Todos falam que vamos nos casar, todos me cumprimentam, mas o fato é que não existe absolutamente nada entre nós dois. É tudo um sonho. *(Outro tom.)* Que broche é esse? É uma abelha?

Ânia – *(Lastimando.)* Mamãe. Imagina o que custou! *(Entra em seu próprio quarto e fala num tom infantil, alegremente.)* Você sabe que em Paris eu subi de balão?

Vária – O meu amor voltou! Minha irmãzinha está em casa de novo! *(Duniacha volta com a cafeteira, começa a fazer café.)*

Duniacha – *(Enquanto prepara.)* Olha o café.

Vária – *(Junto à porta.)* Você sabe, querida, o dia inteiro, enquanto vou pra lá e pra cá no trabalho de casa, fico sonhando um jeito de resolver tudo. Sonho com você casando com um homem muito, muito rico, e aí eu fico tranqüila e livre pra sair em peregrinação por Kiev, Moscou; passo o resto da vida de lugar santo em lugar santo... até o fim. *(Um pouco de ironia.)* Que paz!

Ânia – Ouve os passarinhos no jardim! Que horas são?

Vária – Quase três, já. Hora da menina estar na cama. *(Entra no quatro de Ânia.)* Que paz!

Iacha – *(Entra com um cobertor, em* plaid, *e um saco de viagem. Cruza o palco em passos afetadamente delicados.)* Se pode? A senhorita permite que...?

Duniacha – Mas como você está diferente, Iacha! Quase não conheci. Mudou muito no estrangeiro.

Iacha – Hmmmm. E eu, devia lhe conhecer?

Duniacha – Não sei. Quando você foi embora eu era assim. *(Mostra altura. E antecipando-se ao reconhecimento.)* Duniacha! Filha do Fiódor Kosoiedov – vai dizer que não se lembra!

IACHA – Hô, hô!... *(Gira em torno dela.)* Ficou uma uva! *(Abraça-a sensualmente. Duniacha grita, deixa cair um pires. Iacha sai, correndo.)*

VÁRIA – *(Surgindo à porta, censurando.)* Que foi?

DUNIACHA – *(Choraminga.)* Quebrei um pires.

VÁRIA – Não faz mal. Dá sorte. Varre e pronto.

ÂNIA – *(Saindo do quarto.)* Pétia está aqui. É melhor avisar mamãe.

VÁRIA – Dei ordem pra não o acordarem.

ÂNIA – Mas é bom ela ficar prevenida, Vária. Pétia Trofímov era o tutor de Gricha, não se esqueça. Vê-lo assim, sem aviso, pode despertar em mamãe tudo que ela quis esquecer: *(Pausa. Em sonho.)* a morte de papai. Nem um mês depois meu irmão Gricha se afogando no rio. Um menino tão lindo, sete anos apenas! Foi mais do que ela podia suportar, ela foi embora, nos abandonou, fugiu sem olhar pra trás, toda essa dor, toda essa culpa pode voltar de repente, seis anos depois... Ela está sempre achando que não tem perdão. Se ela soubesse como a compreendo.

FIRS – *(Entra de casaca e colete brancos. Vai até a cafeteira, preocupado.)* Madame vem tomar o café aqui. *(Põe luvas brancas.)* Está pronto? *(Severo, a Duniacha)* Menina! Leite!

DUNIACHA – Ah, meu Deus! *(Sai correndo.)*

FIRS – *(Com preocupação exagerada em volta da cafeteira.)* Duniacha, você é uma vale-nada[1], uma inútil! *(Grunhindo*

1. No original *Nedotëpa* (nedotiópa), palavra inventada por Tchékhov, depois incorporada à língua. Composta de *ne* (*niê*), "não", e *dotyapat*, "acabar de cortar ou de talhar". Seria, grosso modo, "mal-acabado" e que, portanto, não presta para nada, é inútil. Achei melhor inventar também, substantivando a expressão "vale-nada". O comentarista Batyuchkof considera esta palavra, que aparece várias vezes na peça, a chave para a sua compreensão, pois define a tragédia da vida russa naquele tempo. Liuba, Gaiév, Lopakhine, Trofímov, Epikodov, Iacha, e até o vagabundo que aparece rapidamente no Segundo Ato, são todos *nedotëpas*, vale-nadas. (N.T.)

para si próprio.) Voltando de Paris... Longe, Paris! O patrão também ia muito a Paris... a cavalo, o tempo todo. É... carruagem. *(Ri.)*

Vária – Que foi, Firs?

Firs – *(Ouvindo mal.)* Três horas da manhã, eu acho. *(Alegre.)* A patroa voltou, fiz bem em ficar vivo. Esperei tanto! Agora, sim, posso morrer. *(Chora de alegria. Entram Liuba, Gaiév e Pichtchik; este com um casaco comprido de pano leve e calças largas, tipo bombacha, enfiadas nas botas. Gaiév faz mímica de jogar bilhar.)*

Liuba – Não, não foi assim – a bola vermelha estava no canto, a branca é que estava no centro...

Gaiév – Exato. Enfiei a vermelha e carambolei a... *(Vê onde está.)* Ah, minha irmã, dizer que ontem mesmo, crianças, nós dormíamos juntos, neste quarto... E já estou com 51 anos. É inacreditável.

Lopakhine – O tempo voa.

Gaiév – O quê?

Lopakhine – O tempo... eu disse... *(Gesto de voar com as mãos.)* voa.

Gaiév – Que perfume de patchuli. *(Prende o nariz com os dedos.)*

Ânia – Vou dormir. Boa noite, mamãe. *(Beija a mãe.)*

Liuba – Vai, amorzinho. *(Beija as mãos dela.)* Está contente de estar em casa? Eu nem posso acreditar.

Ânia – Boa noite, titio.

Gaiév – *(Beijando-lhe o rosto e as mãos.)* Deus te abençoe. Você está igualzinha à tua mãe na tua idade. É você, Liuba! *(Ânia aperta a mão de Lopakhine e Pichtchik. Sai, fechando a porta atrás dela.)*

Liuba – Está morta de cansada, coitadinha.

Pichtchik – Uma viagem dessas...

Vária – *(Para Lopakhine e Pichtchik.)* Bem, cavalheiros... Três horas da manhã!

Liuba – *(Rindo.)* Vária, você sempre a mesma! *(Puxa-a e beija-a.)* Deixa só eu tomar meu café e vamos todos. *(Firs coloca uma almofada embaixo dos pés dela.)* Obrigada, amigo. Adoro café, bebo dia e noite. Me viciei. Obrigada, meu velho e querido Firs. *(Beija-o.)*

Vária – Vou ver se já trouxeram a bagagem toda. *(Sai.)*

Liuba – Será que sou eu mesma, sentada aqui? Dá vontade de dançar, de bater palmas. *(Cobre o rosto com as mãos.)* Deve ser um sonho, não me acordem. Só Deus sabe como eu amo esta terra, do mais fundo do meu coração. Do trem quase não consegui ver nada. As lágrimas. *(Chora.)* Deixa eu beber meu café. Obrigada, Firs, obrigada, meu velho querido. Que alegria te ver ainda com vida.

Firs – Ontem não. Antes de ontem.

Gaiév – Cada vez ouve menos.

Lopakhine – Tenho que ir. Vou pegar o direto das cinco para Karkov. É uma pena – logo hoje. Queria poder olhá-la um pouco mais. Conversar. *(Pausa.)* Está maravilhosa. Como sempre.

Pichtchik – Está até mais bonita. Quando a vi, vestida assim... à la francesa, fiquei com o coração batendo.

Lopakhine – Seu irmão aqui, Leonid Andrêievitch, vive dizendo que eu sou um casca grossa, malnascido, um *kulak*, ansioso por dinheiro. Mas eu não ligo a mínima. Deixa ele falar. Eu quero apenas que a senhora continue a confiar em mim como sempre confiou. Só desejo que seus belos olhos continuem me olhando como antigamente. Deus misericordioso! Meu pai foi servo de seu pai, e de seu avô também!, mas a senhora fez tanto por mim que eu esqueci de tudo isso. Eu a amo como se fosse um parente. Mais... uma irmã. Ou mais ainda.

LIUBA – Não consigo ficar sentada, não consigo. *(Levanta de um salto e anda, agitada.)* Essa felicidade é... eu não agüento. Podem rir de mim, sei que é ridículo. O *meu* armário querido! *(Beija o armário.)* A *minha* mesinha adorada.

GAIÉV – A babá morreu enquanto você estava fora.

LIUBA – *(Senta, toma café.)* Eu sei, que Deus a tenha no seu Santo Reino. Você me escreveu.

GAIÉV – Anastasi também morreu. E Pedro, o caolho, lembra? Me deixou. Sentou praça na polícia. *(Tira do bolso uma caixa de caramelos e chupa um.)*

PICHTCHIK – Minha filha, Dachenka, lhe manda lembranças.

LOPAKHINE – Eu quero lhe dizer uma coisa muito boa. A senhora vai ficar muito contente. *(Olha o relógio.)* Está na minha hora – vou falar o mais rápido possível. Não preciso lhe lembrar que o cerejal vai ser vendido pra pagar as suas dívidas. O leilão está marcado pro dia 22 de agosto. Mas não precisa perder o sono por causa disso, minha cara amiga, há uma maneira fácil de resolver tudo. Proponho o seguinte; ouçam com atenção: estamos a vinte quilômetros da cidade, e a estrada de ferro corre quase paralela à propriedade, de acordo? Pois bem; se o cerejal e a terra que acompanha o rio forem cortados em pequenos lotes, os lotes poderão ser alugados para cabanas de veraneio – calculo que isso dará um mínimo de 25 mil rublos por ano.

GAIÉV – Mas que absurdo é esse? Isso é uma idiotice.

LIUBA – Acho que não entendi bem, Iermolai Alexêievitch... Você disse...

LOPAKHINE – Como é que eu calculei? Ora, cada veranista pode pagar 25 rublos anuais por hectare. E estou certo de que, se a senhora decidir isso imediatamente, quando chegar o outono não haverá nem um lote de sobra. Eu conheço o assunto. E desde já lhe dou meus parabéns, a senhora está salva. O lugar é perfeito, com os banhos no rio. Claro, tudo tem que ser limpo, ajeitado... todas as construções velhas, natural, devem ser derrubadas, esta casa também. Aliás, *(Olha.)* já não vale mais nada. Bom, e o cerejal.

Liuba – O que é que tem o nosso jardim?

Lopakhine – Vai custar alguma coisa, também. Mas acho que dez homens em dez dias derrubam tudo.

Liuba – Derrubam? Perdão, meu caro amigo, mas você não sabe do que é que está falando. Se existe alguma coisa verdadeiramente interessante, notável mesmo, em toda esta província, é o nosso Jardim de Cerejeiras.

Lopakhine – Ora, a única coisa admirável no seu... *Jardim* é o tamanho. A imensidão. Só dá cereja de dois em dois anos, com as quais ninguém sabe fazer nada e ninguém quer comprar.

Gaiév – Nosso cerejal tem um verbete próprio na Enciclopédia Russa.

Lopakhine – *(Olha o relógio.)* Bom, se não decidirem alguma coisa e não tomarem providências de acordo, o cerejal, quer dizer, o *jardim*, toda a propriedade será vendida em hasta pública no dia 22 de agosto. Vinte e dois. Nem 21 nem 23. Tão certo como eu me chamar Iermolai Alexêievitch Lopakhine. Os senhores decidam. Mas não tem outra saída, eu juro. Não tem!

Firs – Antigamente, há quarenta ou cinqüenta anos, botavam as cerejas pra secar, punham de molho, faziam conserva, geléia, licor e costumavam até...

Gaiév – Cala a boca, Firs!

Firs – Vendiam carroças de cerejas secas pra Moscou e pra Karkov. Dava muito dinheiro! Mas eram muito boas as cerejas naquele tempo: macias, suculentas, doces, cheirosas. Sabiam preparar, antigamente.

Liuba – E por que não fazem mais assim?

Firs – Desaprenderam.

Pichtchik – É boa a comida em Paris? É como dizem? A senhora comeu rã?

Liuba – Crocodilo.

Pichtchik – Ah, isso eu não acredito!

Lopakhine – Até pouco tempo atrás aqui no campo só havia senhores e mujiques. Mas agora há os veranistas. Todas as cidades, as mais pequenas, estão sendo rodeadas por essas vilas de verão. Em vinte anos haverá uma verdadeira massa de pessoas assim em toda parte. Por enquanto, o veranista fica só tomando chá na varanda, mas daqui a pouco vai querer cultivar uma terrinha e, então, tudo isto aqui estará vivo de novo.

Gaiév – *(Indignado.)* Uma completa estupidez.

Vária – *(Entrando com Iacha.)* Ah, mamãe, chegaram dois telegramas pra senhora. *(Pega as chaves e abre uma velha estante, com um ranger pesado.)* Olha.

Liuba – De Paris. *(Rasga, sem ler.)* Paris acabou.

Gaiév – Você sabe quantos anos tem essa estante, Liuba? Só na semana passada quando eu estava mexendo na gaveta de baixo, descobri a data gravada a fogo: 1803. Cem anos de idade; temos que comemorar este centenário. É um objeto inanimado mas tem vida: guarda livros.

Pichtchik – *(Espantado.)* Cem anos – quem diria!?

Gaiév – É. Uma coisa admirável. *(Abraça e acaricia a estante.)* Querida e honrada estante! Glória a ti que por mais de cem anos tens servido aos ideais do bem e da justiça. Teu silencioso apelo ao trabalho profícuo nunca arrefeceu numa centena de anos, mantendo *(Lágrimas.)*, em várias gerações desta família, a esperança de um futuro melhor, a fé no dia de amanhã, e inculcou em nós o sentimento da virtude e da consciência social. *(Uma pausa.)*

LOPAKHINE – Bom... *(Olha o relógio.)*

LIUBA – *Plus ça change, plus ça c'est la même chose*, Leonid. Você sempre igual.

GAIÉV – *(Encabulado.)* Carambolo a vermelha no centro e encaçapo na direita. Tá-tá!

LOPAKHINE – *(Olhando o relógio.)* Bom, tá na hora.

IACHA – *(Passando remédio a Liuba.)* Madame, suas pílulas.

PICHTCHIK – Pelo amor do céu, cara senhora, não tome remédios! Não fazem bem. Quer dizer; também não fazem mal, então pra que tomar? Me dá aqui, por favor, estimadíssima amiga. *(Pega a caixa de pílulas, derrama todas na mão, sopra, põe todas na boca e engole bebendo* kvass.*)* Pronto. *(Estarrecimento geral.)*

LIUBA – *(Alarmada.)* Mas o senhor está louco?

PICHTCHIK – Tomei todas, viu?

LOPAKHINE – Que apetite! *(Risos.)*

FIRS – Sua excelência se hospedou aqui na Páscoa e comeu um barril inteiro de pepinos em conserva... *(Continua resmungando.)*

LIUBA – O que é que ele está dizendo?

VÁRIA – Vive assim resmungando sozinho, há mais de três anos. Ninguém liga mais.

IACHA – *C'est la senilitê. (Carlota Ivanóvna, muito magra, apertada num vestido branco, com um* lorgnon *pendurado no cinto, atravessa a cena.)*

LOPAKHINE – Queira me perdoar, Carlota Ivanóvna, ainda não tive a oportunidade de cumprimentá-la. *(Tenta beijar-lhe a mão.)*

Carlota – *(Retirando a mão.)* Deixo beijar a mão, logo vai querer beijar o cotovelo, depois o ombro... não, não, não.

Lopakhine – Levantei com o pé direito, hoje. *(Todos riem.)* Carlota Ivanóvna, pelo menos um dos seus belos truques.

Liuba – Vai, Carlota, faz uma mágica!

Carlota – Estou muito cansada.

Lopakhine – Bom, daqui a três semanas estou de volta. *(Beija a mão de Liuba.)* Até lá, então, madame. *(Para Gaiév.)* Até lá. *(Beija Pichtchik.)* Adeus. *(Aperta a mão de Vária, depois de Firs e Iacha.)* Não tenho vontade nenhuma de ir. *(Para Liuba.)* Pense no projeto das vilas. Se decidir alguma coisa é só avisar. Levanto facilmente cinqüenta mil rublos de empréstimo. Pense seriamente, por favor.

Vária – *(Zangada.)* Está bem, mas vai logo! Pelo amor de Deus!

Lopakhine – Já fui. Já fui. Já não estou mais aqui. *(Sai.)*

Gaiév – Mas como é grosseiro, esse homem! Ôôoo... perdão. Vária vai casar com ele, é seu prometido.

Vária – Não fala bobagem, titio!

Liuba – Ora, Vária, eu ficaria encantada. É uma ótima pessoa.

Pichtchik – Temos que reconhecer, justiça seja feita, é um rapaz de valor. A minha Dachenka também acha... acha que... ela acha várias coisas. *(Ronca e logo desperta.)* Mas, seja como for, mudando de assunto sem sair do mesmo, minha estimada amiga, será que não podia me adiantar 240 rublos?... Sabe, vence um pequeno juro, amanhã; é de uma pequena hipoteca.

Vária – *(Assustada.)* Não! Não! Ela não tem!

Liuba – É verdade. Não tenho dinheiro algum.

Pichtchik – Mas eu sei que aparece. *(Ri.)* Eu nunca perco a esperança. Uma vez pensei que estava tudo perdido, que eu estava arruinado e aí *(Imita trem.)* tchuc... tchuc... tchuc... lá vem a estrada de ferro atravessando minhas terras e eu recebo um dinheirão. Alguma coisa vai acontecer também agora... hoje, amanhã, eu sei. Dachenka vai ganhar duzentos mil... comprou um bilhete.

Liuba – Bom, chega de café; vamos dormir.

Firs – *(Escova a roupa de Gaiév, repreende.)* Botou as calças erradas outra vez! O que é que eu faço com você?

Vária – *(Suavemente.)* Shhhhh! Ânia está dormindo. *(Abre a janela devagar.)* O sol já nasceu. Não faz mais frio. Olha, mamãe, as árvores – como estão bonitas! Tá ouvindo os passarinhos? E o ar, meu Deus, que perfumado!

Gaiév – *(Abre outra janela.)* O jardim está todo branco, Liuba. Você não esqueceu, Liuba, eu sei. Essa alameda sem fim, reta; reta como uma seta apontando o infinito e brilhando prateada nas noites de luar. Diz que lembra, Liuba. Diz que não esqueceu.

Liuba – *(Olhando pela janela, para o jardim.)* Minha infância. Minha inocência. Era aqui que eu dormia, daqui eu contemplava o jardim, a felicidade me acordava todas as manhãs... O jardim era assim mesmo. Não mudou nada. *(Ri de prazer.)* Tudo tão branco. Branco. Oh, meu jardim! Depois desse outono de chumbo e chuva, depois desse inverno mortal, você está jovem de novo, cheio de felicidade; os anjos de Deus nunca te abandonaram... Se eu pudesse tirar de cima de mim esse peso que me esmaga, se eu pudesse esquecer o passado!

Gaiév – Parece impossível que esse jardim tenha que ser vendido pra pagar nossas dívidas.

Liuba – Olha ali! É a mamãe andando... toda de branco... Na alameda! Olha! É ela!

Gaiév – Onde?

Vária – Por favor, mamãe. Meu Deus!

Liuba – Não é ninguém. Eu jurei que era. Foi uma visão. Ali à direita, no caminho da cabana, aquela árvore branca, toda curvada... Não é uma mulher? *(Entra Trofímov usando um uniforme de estudante, bem surrado. Usa óculos.)* Que jardim deslumbrante! Esses montes de flores brancas nesse céu azul.

Trofímov – Liuba Andrêievna! *(Ela se volta para ele.)* Vim só lhe prestar meus respeitos e saio imediatamente. *(Beija-lhe a mão calidamente.)* Queira me perdoar. Disseram-me para esperar pela manhã, mas eu não tive a paciência... *(Liuba o olha, perplexa.)*

Vária – *(Através das lágrimas.)* É Pétia Trofímov, mamãe.

Trofímov – Pétia Trofímov, o tutor de seu filho... Gricha. Será que mudou tanto? *(Liuba abraça-o e chora baixo.)*

Gaiev – *(Confuso.)* Vamos, Liuba, vamos.

Vária – *(Chorando.)* Eu falei, Pétia... Devia esperar até amanhã.

Liuba – O meu Gricha... meu menino... meu filho!

Vária – Não se pode fazer nada, mamãe. Foi vontade de Deus.

Trofímov – *(Baixo, entre lágrimas.)* Pronto... Pronto.

Liuba – *(Ainda entre lágrimas.)* Por quê? Por quê? Morrer afogado, assim, só com seis anos? Me diz, querido Pétia! *(Mais baixo.)* Ô! Ânia está dormindo ali e eu falando alto assim. Esse barulho todo. Mas, Pétia, como você ficou feio! Parece um velho!

Trofímov – Uma camponesa, no trem, me apontou e disse: “Olha o moço com cara de passa!...” *(Mímica de enrugado com a mão.)*

Liuba – Você era tão bonito, um estudantezinho todo arrumadinho, e agora, de repente, esta aí, quase careca... de óculos! É verdade que você ainda é estudante? *(Caminha em direção à porta.)*

TROFÍMOV – Acho que vou ser a vida inteira.

LIUBA – *(Beija o irmão e Vária.)* Bem, vamos pra cama. Você também não é mais criança, Leonid.

PICHTCHIK – *(Seguindo-a.)* É. Todo mundo já devia estar dormindo. Aiii! Minha gota. Vou passar a noite aqui, se... Liuba Andrêievna, anjo de minh'alma, se pudesse... Quem sabe?... Amanhã de manhã... apenas 240 rublos. Ahn?

GAIÉV – Sempre a mesma cantilena.

LIUBA – Meu caro, eu estou sem dinheiro.

PICHTCHIK – Tão pouco! Eu lhe devolvo logo, garanto.

LIUBA – Está bem, está bem. Leonid lhe dá. Dá esse dinheiro a ele, Leonid.

GAIÉV – Como não? Agora mesmo. *(Abre os bolsos da calça.)* Vem, pega aqui. Tira o que você quiser.

LIUBA – Vai, Leonid! O que se há de fazer? Ele precisa. Depois paga. *(Saem Liuba, Trofímov, Pichtchik e Firs.)*

GAIÉV – Minha irmã não se emenda – continua botando dinheiro fora. O dela e o meu. *(Para Iacha.)* Vai embora, ô rapaz; está cheirando a galinheiro.

IACHA – *(Mostrando os dentes.)* E o senhor, Leonid Andrêievitch, continua igualzinho.

GAIÉV – O que é que é isso? *(Para Vária.)* O que foi que ele disse?

VÁRIA – *(A Iacha.)* Sua mãe está aí, veio da aldeia. Desde ontem de tarde está aí sentada no galpão dos empregados, esperando pra ver se você lhe concede uma audiência.

IACHA – Eu não agüento mais essa mulher.

VÁRIA – Você não tem vergonha de falar assim?

IACHA – Pra que tanta pressa? Não podia ter vindo amanhã? *(Sai.)*

Vária – Mamãe não se emenda. Se deixarmos, ela dá tudo que tem.

Gaiév – É. *(Pausa)* Quando há muitos remédios pra mesma doença isso significa que a doença não tem cura. Eu penso e repenso, já quebrei a cabeça de tanto pensar; tenho muitas idéias, muitas, muitas; quer dizer, nenhuma. *(Enumera.)* Podíamos receber uma herança de alguém; podíamos casar Ânia com uma pessoa muito rica; e podemos ir a Iaroslav tentar a sorte com a senhora condessa, nossa velha tia. Que, essa sim, é rica de verdade!

Vária – *(Choro.)* Só Deus nos ajudando.

Gaiév – Não choramingue! Pára com isso, Vária. *(Outro tom.)* Só uma pequena dificuldade: titia é muito rica mas não gosta de nós. Primeiro porque minha irmã se casou com um advogadozinho, não com um nobre. *(Ânia aparece na porta do quarto.)* Quer dizer, se juntou a uma classe inferior. E depois, a conduta dela, de modo geral... bem... não tem sido precisamente a de uma santa. Liuba é boa, caridosa, uma mulher encantadora, eu adoro ela. Mas, por mais que procuremos achar atenuantes, Liuba tem sido sempre... um pouco... desfrutável... *(Longa pausa.)*... imoral. Isso transparece em cada gesto dela.

Vária – *(Sussurro.)* Ânia está na porta.

Gaiév – Ahn? Ah! *(Pausa.)* Que coisa estranha... Acho que é uma pestana no meu olho. Humm. Minha vista está cada vez pior. Antes de ontem, no Fórum... *(Ânia entra.)*

Vária – Ânia, por que você não está dormindo?

Ânia – Não consigo.

Gaiév – Ô minha bonequinha! *(Beija o rosto e as mãos de Ânia.)* Minha filha. *(Chora.)* Você não é minha sobrinha, é meu anjo, é tudo que eu tenho na vida. Diz que acredita em mim!

Ânia – Acredito, titio. Todo mundo ama e respeita o senhor. Mas... titio querido... o senhor fala demais. O senhor tem que falar menos. Ficar calado um pouco. Agora mesmo o que é que o senhor estava dizendo da mamãe, da sua própria irmã? *(Pausa.)* Por que é que o senhor disse aquilo?

Gaiév – Eu sei... eu sei... *(Cobre o rosto com a mão de Ânia.)* Uma coisa horrível, você tem razão. Que horror que eu sou. Deus me perdoe! O discurso que eu fiz pra essa estante! Que estupidez! O pior é que nem tinha acabado e já estava vendo todo o meu ridículo.

Vária – É verdade, titio, você começa e... É melhor não falar nada e pronto.

Ânia – O senhor vai se sentir bem mais tranqüilo.

Gaiév – Eu prometo – eu me calo. *(Beija as mãos de Vária e Ânia.)* Não falo mais dagora em diante. *(Contrafeito.)* Só mais uma palavra – sobre nossos negócios. Estive no Fórum, quinta-feira, havia muita gente, quase todos amigos, e, conversa vai, conversa vem, fiquei convencido de que é possível levantar um empréstimo... contra promissórias: pelo menos deve dar pra pagar os juros da hipoteca.

Vária – Ah, se Deus nos ajudasse!

Gaiév – Terça-feira eu volto lá, vou fechar o negócio. *(Pra Vária.)* Pára de choramingar, minha filha. *(Pra Ânia.)* E sua mãe vai falar com Lopakhine; não creio que ele recuse nada pra ela. E, quando você tiver descansado, acho que deve ir a Iaroslav, visitar a condessa, sua tia-avó. Atacando em três direções ao mesmo tempo, tac-tac-tac, uma bola nós encaçapamos. Os juros, pelo menos, nós pagamos – e os atrasados. *(Põe caramelo na boca.)* Juro pela minha honra, juro pelo que vocês quiserem – esta propriedade não será vendida. *(Excitação.)* Pela minha própria felicidade – eu juro. Estendo a minha mão – podem me chamar de mentiroso, canalha, o maior canalha que já viram se eu permitir que esta casa seja demolida pelo martelo do leiloeiro. Juro por tudo que tenho de mais sagrado.

ÂNIA – *(Calma de novo, e bem contente.)* Como você é bom, titio, e inteligente! *(Abraça-o.)* Estou tranqüila agora. Calma de novo. E feliz.

FIRS – *(Entra. Repreende.)* Leonid Gaiév, será que perdeu o respeito a Deus! Quando pretende ir pra cama?

GAIÉV – Estou indo. Estou indo. Vai dormir você também, Firs, eu me dispo sozinho. Bom, meninas... hora de naná. Detalhes amanhã – agora é ir pra cama. *(Beija as duas.)* Eu sou da geração de oitenta. Hoje é moda falar mal dessa época, mas tive que enfrentar muita dureza, sofrer muito, para manter minhas convicções. Não é à toa que o camponês me adora. É preciso conhecer o homem do campo. É preciso; só assim se pode...

ÂNIA – De novo, titio?

VÁRIA – O senhor acabou de prometer.

FIRS – *(Zangado.)* Senhor Leonid Andrêievitch!

GAIÉV – Shh! Já vou! Já vou! Vão deitar. Boa noite. *(Vai saindo, seguido por Firs.)* Dou a tacada em cheio, na cara da vermelha, tac! O efeito faz a branca carambolar na amarela, tac! A amarela fica na boca da caçapa... *(Demora na pontaria, mímica.)* tac! Encaçapo! Beleza! *(Sai comemorando. Comprime a boca, com os dedos, atira um beijo no ar.)*

ÂNIA – Estou mais tranqüila agora. Não quero ir a Iaroslav, não gosto de minha tia-avó, mas estou mais tranqüila. Tio Leonid me tranqüilizou. *(Senta.)*

VÁRIA – Temos que ir pra cama. Uma coisa muito deprimente aconteceu enquanto você esteve fora. Na ala dos criados. Só ficaram os velhos, você sabe, Efimiuchka, Polia e Ievstignei – ah, e Karpo, também! Pois eles resolveram deixar uma gente aí, uns vagabundos, passar a noite nos quartos vazios. Eu não disse nada, fingi que não via. Mas aí eles começaram a espalhar que eu só dava pirão de ervilha para eles comerem; só! De miserável que eu sou, entendeu? Ievstignei começou tudo... "Muito bem", eu disse cá comigo. "É isso que vocês querem? Não perdem por esperar." Mandei chamar Ievstignei. *(Boceja.)* Ele vem. "Escuta aqui, velho safado" – eu perguntei – "Como é que você se atreve...?" *(Olha Ânia.)* Anitchka! *(Pausa.)* Está dormindo! Vem, meu amor, vem dormir na cama. *(Põe o braço em torno* de *Ânia e a conduz pro quarto.)* A minha queridinha adormeceu. Vem... Vem... *(Vão saindo. Longe um pastor toca uma flauta. Trofímov cruza a cena e, vendo Vária e Ânia, pára.)* Shh! Está dormindo. Vem, meu bem.

Ânia – *(Meio dormindo.)* Estou tão cansada. Vária, olha os sinos! Está ouvindo? Meu tio querido. Mamãe... titio...

Vária – Shhhh... *(Entram no quarto.)*

Trofímov – *(Com ternura.)* Ânia, meu sol! Minha primavera!

Fim do primeiro ato

Segundo ato

(Campo. Um velho santuário abandonado há muito tempo, tombado pra direita. Perto de um poço, enormes pedras que devem ter sido lápides tumulares. Um velho banco. Vê-se o caminho que leva à casa de Gaiév. De um lado, muitos álamos, árvores escuras; é nesse ponto que começa o cerejal. À distância vê-se uma enfiada de postes telegráficos e longe, bem longe no horizonte, a silhueta esfumada de uma grande cidade que só será visível em dias bem claros. É quase pôr do sol. Carlota, Iacha e Duniacha estão sentados no banco. Epikodov está em pé, perto, tocando alguma coisa sombria numa guitarra. Todos em atitude pensativa. Carlota usa um boné velho; tirou uma espingarda do ombro e está apertando a fivela da correia.)

Carlota – *(Para si própria.)* Eu não tenho passaporte em ordem; não sei que idade tenho; e me sinto sempre uma mocinha. Quando eu era bem pequena meu pai e minha mãe viajavam de feira em feira e davam espetáculos – excelentes! Eu dava saltos mortais e fazia outros números. Quando papai e mamãe morreram, uma senhora alemã me pegou e me educou. Eu cresci e virei governanta. Mas de onde eu vim e quem eu sou, não sei. Nem quem foram meus pais. Casados não deviam ser. Sei lá. *(Tira um pepino do bolso e come.)* Não sei de nada. *(Pausa.)* Eu queria conversar com alguém, mas com quem?... Não tenho ninguém.

Epikodov – *(Toca e canta.)*
Cercado de mil perigos
Não me interessa no mundo

Nem amigos nem inimigos
Ah, como é gostoso tocar um bandolim.

DUNIACHA – *(Olhando um espelho e empoando o rosto.)* Isso é uma guitarra, não é um bandolim.

EPIKODOV – Para um homem acrisolado pela paixão, é um bandolim. *(Canta.)*
Me diz amada que teu peito ardeu
Na mesma chama em que arde o meu.

IACHA – *(Canta junto.)*
Espera amanhã, não me responda já
Com outro dia, um outro sol virá.

CARLOTA – Como canta mal essa gente! Shuhhu! Chacais uivando!

DUNIACHA – *(Para Iacha.)* Concorda, hein? É uma sorte ter ido ao estrangeiro!

IACHA – É. Tenho que concordar. *(Boceja, acende charuto.)*

EPIKODOV – Também eu. No estrangeiro há séculos eles já conseguiram simplificar as maiores complexidades.

IACHA – Também notei isso.

EPIKODOV – Eu posso me afirmar um homem culto, leio toda espécie de livros difíceis, mas não encontrei em qualquer deles a explicação para a dupla tendência a que me inclino: viver ou não viver, eis a questão. Viver ou meter um tiro na cabeça, em suma. De qualquer forma, como a vida é contingente, porto sempre um revólver comigo. Ei-lo. *(Mostra.)*

CARLOTA – Pra mim chega. Vou embora. *(Põe a espingarda no ombro.)* Epikodov, você é um homem inteligente e eu diria também assustador – as mulheres devem andar doidas por você. Brrr! *(Sai.)* Esses homens inteligentes são tão estúpidos; eu não tenho ninguém com quem falar. Sempre sozinha, ninguém me pertence. Não tenho amigos nem parentes, e quem eu sou e o que é que faço aqui na Terra, é um mistério. *(Sai devagar.)*

EPIKODOV – Falando sem evasões, isto é, sem me deixar fugir o essencial do que pretendo exprimir, sinto-me obrigado a um protesto, uma queixa, contra a maneira cruel com que o destino me trata, como um furacão brincando impiedoso com um pequeno barco. Se estou enganado, ou de qualquer forma exagero, então me expliquem, caso possam, por que é que, ao acordar hoje de manhã – e isso é apenas um pequeno exemplo –, encontrei no meu peito uma aranha caranguejeira de aterradoras proporções. *(Junta os dois punhos.)* Assim! Corro então a um jarro de cidra para aplacar a minha sede nervosa e, como é natural, dentro do jarro o que me olha é um ser obsceno e nojento do gênero barata. *(Pausa.)* Já leram Buckle, o singular historiador inglês? *(Pausa.)* Sei que importuno, Duniacha, mas poderia lhe dar uma palavrinha?

DUNIACHA – Fala, homem.

EPIKODOV – *(Suspira.)* Será que é pedir muito falarmos a sós?

DUNIACHA – *(Embaraçada.)* Primeiro quer pegar o meu xale em cima do armário? Está muito úmido aqui.

EPIKODOV – Vou apanhar, senhorita. Agora eu sei o que fazer com o meu revólver. *(Pega a guitarra e sai tocando.)*

IACHA – "Vinte e duas desgraças." Aqui entre nós, é uma besta! *(Boceja.)*

DUNIACHA – Deus queira que ele não se mate. *(Pausa.)* Ando tão nervosa, sinto uma aflição. Eu era bem pequena quando meus patrões me trouxeram pra cá e fui criada aqui, nem sei mais como vivem os camponeses; minhas mãos são brancas; macias como as de uma dama. Eu me tornei delicada, sensível, tenho medo de tudo. Vivo apavorada. Quer dizer, se você me enganar, Iacha, os meus nervos não agüentam.

IACHA – *(Beija-a.)* Ô, meu pirãozinho! Uma moça não pode se esquecer que é uma moça, claro! Eu não respeito mulher que não sabe se dar ao respeito... *ligeira*!

DUNIACHA – Mas... eu estou perdida de amor por você, Iacha: você é tão educado, sabe falar de tudo. *(Pausa.)*

IACHA – *(Boceja.)* É... eu sei. Na minha opinião, se uma moça se apaixona por alguém é porque não tem princípios... *(Pausa.)* Não há nada melhor do que um bom charuto ao ar livre. *(Escuta.)* Vem alguém aí... são os patrões. *(Duniacha o abraça impulsivamente.)* Vá andando pra casa como se tivesse ido tomar banho no rio. Por aí não, senão você cruza com eles e vão pensar que marquei um encontro com você. Não quero que pensem isso de mim.

DUNIACHA – *(Tossindo baixinho.)* O charuto me deu dor de cabeça. *(Sai. Iacha fica sentado perto da capela. Entram Liuba, Gaiév e Lopakhine.)*

LOPAKHINE – Precisamos nos decidir – o tempo corre contra nós. A questão é muito simples; vão ou não vão lotear o terreno? Quero uma só palavra, sim ou não? Uma palavra!

LIUBA – Quem andou fumando esse charuto horrendo? *(Senta.)*

GAIÉV – Agora, com a estrada de ferro até aqui, temos a cidade em nossa porta. *(Aponta.)* Fomos lá, almoçamos... Já estamos aqui. Pega a branca de tabela! Carambola a vermelha... Podíamos ir pra casa jogar uma partidinha.

LIUBA – Tem muito tempo.

LOPAKHINE – Mas é só uma palavra. *(Implora.)* Respondam, por favor.

GAIÉV – *(Bocejando.)* O que é que ele está falando?

LIUBA – *(Procura na bolsinha.)* Ainda ontem eu tinha um monte de dinheiro aqui, não tenho mais nada. A pobre da Vária nos alimentando a todos com mingau de leite, por economia, os velhos na cozinha comendo apenas pirão de ervilha e eu aqui, botando dinheiro fora feito uma louca. *(Deixa cair a bolsa, espalhando moedas de ouro, aborrecida.)* Olhaí, caiu tudo!

Iacha – Permita-me. Eu as recolho. *(Recolhe as moedas.)*

Liuba – Por favor, Iacha. *(Ele recolhe as moedas.)* E o que é que eu tinha que ir almoçar na cidade? Aquele restaurante teu, Leonid, é pavoroso, com aquela música e aquelas toalhas cheirando a sabão. E você? Precisava beber tanto? E comer tanto? Falar tanto? Você falou o tempo todo, não parou um instante! E sobre o quê? Nada. Coisas inteiramente fora de propósito. A década de setenta, os decadentes. E com quem? Com os garçons!!! Discutir poetas decadentes com os garçons!

Lopakhine – É verdade.

Gaiév – *(Gesto de mão.)* Sou incorrigível – isso eu não discuto. *(Irritado, para Iacha que procura uma moeda entre suas pernas.)* O que é que você está fazendo aí, rastejando feito...?

Iacha – *(Ri.)* Não posso conter o riso quando ouço o senhor falar.

Gaiév – Liuba, é ele ou eu.

Liuba – Levanta daí e vai embora, Iacha.

Iacha – *(Entrega a bolsa a ela.)* Já vou, madame. *(Quase não consegue conter o riso.)* Correndo. *(Sai.)*

Lopakhine – Deriganov, o milionário, pretende gastar o que for preciso para adquirir a sua propriedade. Dizem que vai comparecer pessoalmente ao leilão.

Liuba – Dizem, quem?

Lopakhine – É o que se fala na cidade.

Gaiév – Nossa tia de Iaroslav prometeu ajuda. Bom, quanto e quando ninguém sabe.

LOPAKHINE – Quanto ela pode mandar? Cem mil? Duzentos?

LIUBA – Ora... Se ela mandar dez ou quinze mil devemos dar graças a Deus.

LOPAKHINE – Olha, eu peço desculpas, não quero ser ofensivo, mas nunca vi em minha vida gente tão insensata e tão incapaz quanto o senhor e a senhora! Estou falando, em russo bem claro, que vão perder tudo o que possuem e não dão o menor sinal de que entendem!

LIUBA – Mas o que é que nós vamos fazer? Diz.

LOPAKHINE – Eu repito a mesma coisa todo dia. Todo dia eu repito a mesma coisa. Os senhores têm – *(Silabando.)* definitivamente! imediatamente! – que dar permissão para o cerejal e toda a terra em volta da propriedade, até o rio, serem loteados e arrendados para cabanas de veraneio. Isso tem que ser feito *agora*, não amanhã – o leilão vai começar! Está aí. Estão entendendo? Se tomarem essa decisão poderão obter todo o crédito que precisarem – estarão salvos!

LIUBA – Cabanas, veranistas – perdão, mas é tão vulgar.

GAIÉV – Concordo plenamente.

LOPAKHINE – Eu vou chorar. Eu vou gritar. Eu acho que vou ter uma coisa. Não agüento mais! Vão me levar à loucura! *(Para Gaiév.)* Sua velha!

GAIÉV – Que é que ele disse?

LOPAKHINE – Velha! O senhor é uma mulher velha! *(Levanta-se para ir embora.)*

LIUBA – *(Assustada.)* Não, espera aí! Espera um pouco, meu caro amigo. Quem sabe, juntos, achamos uma saída?

LOPAKHINE – Outra? Duvido muito.

LIUBA – Fique mais um pouco, eu lhe rogo. Quando você está conosco pelo menos é mais divertido. *(Pausa.)* Vivo sob o terror de alguma coisa, como se a casa fosse me desabar em cima.

Gaiév – Tabela na branca, encaçapa a dois... errou!

Liuba – Estamos pagando por todos nossos pecados.

Lopakhine – Pecados, a senhora?

Gaiév – *(Põe um caramelo na boca.)* Pecado é o meu, que chupei minha fortuna em caramelos. *(Ri.)*

Liuba – Quantos pecados! Joguei todo meu dinheiro fora, como uma louca. Casei com um homem que só uma coisa sabia fazer bem – dívidas. Morreu de champanhe – bebeu até o fim. Pra desgraça minha, me apaixonei por outro homem, fui viver com ele e imediatamente tive minha primeira punição – o golpe me atingiu aqui mesmo, neste rio... meu filho se afogou aí. E eu fui embora, fugi para o estrangeiro, para sempre, pra não voltar nunca mais, nunca mais ver este rio. Fechei meus olhos e fugi, desorientada, mas *ele* veio atrás, implacável, esse homem brutal. Ficou doente em Mentone e me obrigou a comprar uma casa ali – a doença dele não me deu descanso, dia e noite, me escravizou, três anos seguidos, me deixou um trapo, a alma ressecada. No ano passado tive que vender a casa pra pagar dívidas, fomos para Paris, e aí ele roubou tudo o que me restava e foi viver com outra mulher. De vergonha tentei me envenenar. Tudo tão estúpido, tão humilhante! E, de súbito, me veio a angústia de estar longe da minha terra, ansiei pela Rússia, minha casa, minha filha. *(Enxuga as lágrimas.)* Deus, Deus, tem misericórdia! Perdoa meus pecados! Não me castiga mais! *(Tira um telegrama do bolso.)* Recebi hoje. De Paris. Ele implora perdão, pede que eu volte. *(Rasga o telegrama devagar.)* É música o que eu estou ouvindo? *(Escuta.)*

Gaiév – É a nossa famosa Grande Orquestra Judia, lembra? Quatro violinos, uma flauta, um contrabaixo.

Liuba – Ainda existe? Vamos chamá-la uma noite dessas, dar um baile!

Lopakhine – *(Escuta.)* Não escuto nada. *(Canta baixo.)* "Por dinheiro um alemão chama até russo de irmão." *(Ri.)* Ontem fui ao teatro – vi uma peça excelente – engraçadíssima.

Liuba – Imagino – quando você acha graça... Vocês não deviam ir ao teatro ver a vida dos outros – deviam aproveitar melhor o tempo observando mais a sua própria vida. A vida de vocês todos é totalmente cinza, vida sem vida. E, para se justificar, falam demais e não dizem nada.

Lopakhine – É verdade. Sejamos honestos – vivemos uma vida estúpida. *(Pausa.)* Meu pai era um mujique, um campônio, um idiota; não sabia nada e me ensinou menos. Sua idéia de educação era me espancar com uma vara quando estava bêbado. Por isso sou tão grosseiro e ignorante quanto ele. Não estudei nada. Minha letra é péssima, me dá até vergonha de escrever na frente dos outros. Escrevo como um porco.

Liuba – Você precisa é casar, meu velho amigo.

Lopakhine – É. Acho que sim.

Liuba – Devia casar com nossa Vária. Uma moça excelente.

Lopakhine – Acho que sim.

Liuba – Tem um bom gênio, trabalha o dia todo, e... mais importante, gosta de você. E você gosta dela há muito tempo.

Lopakhine – Eu não digo que não. É uma boa moça. *(Pausa.)*

Gaiév – Ah, eu contei que me ofereceram um lugar no banco? Seis mil rublos por ano.

Liuba – Você num banco? Só se for este! *(Pausa. Entra Firs trazendo um capote.)*

Firs – Por favor, meu senhor, veste o capote; está muito úmido.

Gaiév – *(Vestindo.)* Você aborrece, hein velho?!

Firs – O senhor não pode fazer isso. Já de manhã saiu sem me dizer uma palavra. *(Examina-o atentamente.)*

Liuba – Você envelheceu, Firs.

Firs – Eu vou logo buscar, madame.

Lopakhine – Você envelheceu!, ela disse.

Firs – É porque eu já estou vivo há muito tempo. Quando eles quiseram me casar, o seu papai nem era nascido. *(Ri.)* E quando veio a abolição eu já era primeiro criado de quarto. Mas é claro que eu fui contra, não aceitei a abolição: fiquei com o meu amo. E com a minha ama. Eu me lembro de todo mundo festejando, todo mundo muito contente. Mas contente por quê? Ninguém sabia.

Lopakhine – A vida era muito melhor, naquele tempo. Não faltava chicote pra ninguém.

Firs – *(Sem ouvir.)* Pois é! Os mujiques conheciam seu lugar e os senhores conheciam muito bem o deles. Hoje em dia está tudo tão confuso que a gente não sabe mais quem é ninguém.

Gaiév – Chega, Firs! Tenho que ir à cidade amanhã. Prometeram me apresentar a um general que pode me conseguir um bom empréstimo.

Lopakhine – Não acredito. E, mesmo que consiga, vai dar pra pagar os juros e a hipoteca? Sabe quanto é?

Liuba – Está delirando. Esse general não existe. *(Entram Trofímov, Ânia e Vária.)*

Gaiév – Ah, nossas meninas!

Ânia – Olha mamãe ali no banco.

Liuba – *(Terna.)* Vem cá, vem cá. Minhas filhinhas! *(Abraça as duas.)* Se vocês soubessem como eu amo vocês duas. Senta aqui. Você aqui. *(Elas sentam.)* Assim.

LOPAKHINE – Nosso estudante perpétuo sempre atrás das senhoritas.

TROFÍMOV – Está incomodado?

LOPAKHINE – Já, já você faz cinqüenta anos e continua estudando.

TROFÍMOV – Você podia ao menos nos dispensar as suas observações idiotas.

LOPAKHINE – O reitor se zangou?

TROFÍMOV – Por favor, não insista!

LOPAKHINE – *(Ri.)* Sabe que eu gostaria de ter sua opinião a meu respeito? *(Tensão no ar.)*

TROFÍMOV – *(Depois de uma relutância natural.)* Eu vou lhe dar a minha opinião. Iermolai Alexêievitch: você é um homem rico, logo será milionário. Logo, você é muito útil à sociedade humana. *(Uns risos.)* Assim como a pior fera é muito útil à natureza, *(Ligeira pausa. Outros risos)* pois devora tudo o que encontra pela frente, *(Faz pausa. Outros risos. Ele ergue a mão mostrando que não acabou.)* convertendo tudo em excrementos. *(Gargalhadas. Vária e Lopakhine não participam.)*

VÁRIA – Acho você melhor quando fala sobre astronomia. Fale um pouco.

LIUBA – Não. Vamos voltar ao assunto de ontem.

TROFÍMOV – O que é que era?

GAIÉV – O orgulho humano.

TROFÍMOV – É. Falamos muito e não chegamos a conclusão alguma. A senhora vê o orgulho como algo importante, místico. E, do seu ponto de vista, talvez tenha razão. Mas se olhamos a coisa simplesmente, sem floreios, que orgulho é esse, que sentido tem? Fisiologicamente, o homem é mal construído; intelectualmente, é retardado e de modo geral é grosseiro, brutal e profundamente infeliz. De que se ri a hiena? É preciso acabar com a auto-glorificação da espécie e... botar mãos à obra! Trabalhar. Que é o que interessa.

Gaiév – Será? No fim todos morremos.

Trofímov – Quem sabe? O que é que quer dizer morrer? Talvez o homem tenha cem sentidos e, quando morrem os cinco que nós conhecemos, 95 comecem a viver.

Liuba – Que idéia brilhante, Pétia.

Lopakhine – *(Irônico.)* Brilhantina.

Trofímov – A humanidade progride, luta pela perfeição. Tudo que agora está fora de nosso alcance um dia será compreensível e trivial; só que é preciso trabalhar, ajudar com toda nossa força aos que procuram soluções. Aqui na Rússia, por enquanto, são muitos os que falam, poucos os que trabalham. Os intelectuais que conheço não procuram nada, não fazem nada; ficam doentes só com a idéia de qualquer esforço. Intitulam-se humanistas, mas tratam os criados como inferiores e os camponeses como animais. Não sabem coisa alguma, não querem aprender nada, não lêem nada a sério e nunca fazem nada. O que falam sobre ciência é ridículo e seu conhecimento de arte pouco mais que zero. São todos muito sérios, usam caras profundas, discutem assuntos impenetráveis, fazem especulações filosóficas incontestes, e não vêem que em volta, todos – 95 por cento do povo – vivem como selvagens, se insultando e estraçalhando à menor provocação. Comem lixo podre, dormem na imundície e na umidade, trinta ou quarenta no mesmo quarto cheio de percevejos, fezes, fedor e conseqüente degradação moral. É evidente que todos nossos belos discursos só têm uma função – enganar aos outros e a nós mesmos. Me digam onde é que estão essas creches de que se fala tanto? E as bibliotecas? E a habitação popular? Essas coisas só existem em novelas – na vida real eu nunca vi. Eu só vejo a desordem, a sujeira, a vulgaridade e a preguiça asiática. Eu temo e desprezo as caras austeras e os que falam com solenidade. Todos faríamos muito mais calando a boca.

Lopakhine – Você sabe; eu levanto às cinco da manhã e trabalho da manhã à noite. E tenho dinheiro, meu e dos outros, passando pelas minhas mãos o tempo todo – o que me permite conhecer as pessoas que me cercam, ver de que é que são feitas. É só a gente começar a fazer alguma coisa para verificar como são poucas as pessoas honestas e decentes. Algumas vezes passo as noites em claro pensando: "Oh, Deus. Tu que nos deste essas florestas imensas, esses campos a perder de vista, esses horizontes infinitos, erraste no ser humano – devíamos ser gigantes!"

Liuba – Você quer gigantes? Gigante só é bom em contos de fada. Na vida real são assustadores. *(Epikodov cruza ao fundo, tocando a guitarra. Liuba, pensativa.)* Lá vai Epikodov.

Ânia – *(Pensativa.)* Lá vai Epikodov.

Gaiév – O sol se pôs, amigos.

Trofímov – Saiu de cena.

Gaiév – *(Não alto, mas, de qualquer forma, declamatório.)* Ó natureza, divina natureza, tu brilhas em tua luz eterna, bela e indiferente. Tu, a quem chamamos mãe, trazes em ti a vida e a morte. Crias! E destróis! Tu...

Vária – *(Suplica.)* Titio!

Ânia – Outra vez, titio?

Trofímov – Por que não tenta a amarela na caçapa do centro?...

Gaiév – Não digo mais nada. Bico fechado. Prometo. *(Todos agora estão sentados, pensando. Ninguém se move. A única coisa audível é o resmungo de Firs. Subitamente há um som à distância, como vindo do céu – o som de uma corda – como de harpa – que se rompe, morrendo aos poucos, ao longe, tristemente.*[2] *)*

Liuba – Que foi isso?

Lopakhine – Não sei. Talvez lá longe, na mina, um cabo que rompeu. Mas foi muito longe.

Gaiév – Pode ter sido um pássaro. A garça pia assim...

Trofímov – Ou uma coruja.

Liuba – *(Estremece.)* Não sei por que, mas... foi tão horrível. *(Pausa.)*

Firs – Foi assim mesmo antes da desgraça... a coruja piou. E o samovar assobiou e tossiu o tempo todo.

Gaiév – Que desgraça?

Firs – A abolição. *(Pausa.)*

Liuba – Vamos, pessoal, está na hora. É quase noite. *(Para Ânia.)* Tem lágrimas nos olhos, meu amor. Que é que foi? *(Abraça-a.)*

Ânia – Nada, mamãe. Nada.

Trofímov – Temos companhia. *(Um viajante surge, de capote e boné brancos, ambos velhos. Está ligeiramente bêbado.)*

Viajante – Permitam-me. Indo por aqui eu dou na estação?

Gaiév – Dá. O caminho é aquele.

Viajante – Sensibilizado e agradecido. *(Tosse.)* O tempo está soberbo. *(Declama.)* Meu irmão! Meu irmão de sofrimento! Venha, irmão, me siga até o Volga. Que todos ouçam nosso gemido de dor. *(Para Vária com gesto agressivo.) Mademoiselle*, conceda a um russo faminto a insignificância de trinta copeques. *(Vária grita assustada.)*

---

2. O som de uma caçamba metálica caindo nas vastidões da estepe é uma impressão da infância de Tchékhov, quando ele passava férias num lugar absolutamente primitivo, no Donetz. O som vinha do fundo de uma das minas de carvão da região – mas parecia vir do céu. Tchékhov usou isso mais de uma vez. (N.T.)

LOPAKHINE – *(Com raiva.)* Você está abusando da sua miséria.

LIUBA – *(Precipitando-se.)* Toma, pega aqui! *(Procura na bolsa.)* Não tenho trocado. Toma, leva esta de ouro.

VIAJANTE – Sensibilizado e agradecido. *(Sai, ziguezagueando, rindo para si próprio. Todos riem um pouco, do susto.)*

VÁRIA – *(Assustada.)* Eu vou embora – quero ir para casa! Oh, mamãe, os criados não têm o que comer e a senhora dando ouro aos vagabundos.

LIUBA – É, eu não tenho conserto. Sou até ridícula. Quando chegar em casa vou entregar a você tudo o que tenho. Lopakhine, você me empresta mais algum.

LOPAKHINE – É um prazer.

LIUBA – Vamos, amigos, está na hora. E... Vária, já combinamos o teu casamento. Meus parabéns.

VÁRIA – *(Entre lágrimas.)* Mamãe, com essas coisas não se brinca.

LOPAKHINE – "Ofélia, recolhe-te a um convento."

GAIÉV – Minhas mãos estão comichando para segurar um taco.

LOPAKHINE – "Ofélia, ninfa, em tuas preces, lembra meus pecados."

LIUBA – Vamos, está quase na hora de jantar.

VÁRIA – Que susto ele me deu! Meu coração ainda está batendo.

LOPAKHINE – Senhores e senhoras, permitam-me lembrar pela última vez: o cerejal vai ser vendido no dia 22 de agosto. Não se esqueçam! Não se esqueçam! *(Saem todos, exceto Trofímov e Ânia.)*

ÂNIA – Só mesmo com aquele vagabundo assustando Vária é que nós conseguimos ficar sozinhos. Obrigada, vagabundo!

TROFÍMOV – Vária tem medo de que a gente se ame. Fica atrás de nós o dia todo, não nos larga. Claro, aquela cabecinha burguesinha não pode perceber que estamos acima do amor. Eliminar o que é mesquinho e transitório, o que nos impede de ser livres e felizes, esse deve ser o sentido e o objetivo da nossa vida. Avante! Caminhamos de maneira irresistível em direção à mais brilhante estrela que já brilhou na história. Avante! Não fiquem para trás, meus companheiros.

ÂNIA – *(Bate palmas.)* Como você fala bem! *(Pausa.)* Aqui está... hoje... tão maravilhoso!

TROFÍMOV – É. Um tempo deslumbrante!

ÂNIA – O que é que você fez comigo, Pétia? Já não gosto mais do cerejal como gostava antes. Eu o amava como... como uma pessoa... querida. Achava que não havia outro lugar no mundo como o nosso cerejal.

TROFÍMOV – Ânia, o nosso cerejal é a Rússia inteira. Uma terra imensa e bela – cheia dos lugares mais maravilhosos. *(Pausa.)* Já pensou, Ânia?! Teu avô, teu bisavô, todos os teus antepassados eram donos de escravos, possuíam servos, eram proprietários de gente, de almas vivas. De cada cereja, de cada cerejeira em todo o cerejal, de cada folha, de cada tronco há almas humanas que te espiam. Você não ouve as vozes? Oh, é horrendo! Teu cerejal me apavora. Quando à noite eu o atravesso, as cascas das árvores brilham tenuemente na escuridão, as velhas cerejeiras parecem transpirar os séculos passados retorcidas por visões horrendas. É. Estamos atrasados pelo menos duzentos anos, não acompanhamos o tempo, não progredimos nada – não conhecemos nem nosso passado. Não fazemos coisa alguma; filosofamos, choramingamos o nosso imenso tédio e bebemos vodca. É claro que para viver no presente temos primeiro que redimir nosso passado, romper com ele. E só faremos isso com muito sofrimento, lutando. E com um trabalho brutal, incansável. Compreende, Ânia?

Ânia – A casa em que moramos há muito tempo já não nos pertence. Eu vou embora daqui. Eu te prometo, Pétia.

Trofímov – Se você tem as chaves da casa, joga-as no poço e vai embora, livre como o vento.

Ânia – *(Êxtase.)* Livre como o vento. Eu vou.

Trofímov – Acredita em mim, Ânia. Confia em mim! Não tenho nem trinta anos, sou jovem, ainda sou um estudante, mas já vivi muita coisa. Assim que o inverno chega eu passo fome, fico doente, amedrontado, pobre como um mendigo. Já passei por muitos altos e baixos do destino. Mas minha alma sempre esteve, noite e dia, cheia de inexplicáveis antecipações de felicidade, Ânia. Ânia, eu sei que vai chegar.

Ânia – *(Pensativa.)* A lua está nascendo. *(Ouve-se Epikodov tocando, na guitarra, a mesma canção dolente. A lua sobe. Longe, nas árvores, Vária está procurando Ânia.)*

Vária – *(Longe. Fora de cena)* Ânia! Responde, Ânia!

Trofímov – É. A lua. *(Pausa.)* Eis a felicidade – ela vem vindo. Se aproximando pouco a pouco. Estou ouvindo os passos. E se nunca a encontrarmos, se nunca a conhecermos, será que importa? Outros a encontrarão.

Vária – *(Fora de cena)* Ânia. Onde está você?

Trofímov – Vária, outra vez. *(Com raiva.)* É revoltante!

Ânia – Vamos descer pro rio. Lá está lindo.

Trofímov – Vamos lá. *(Saem.)*

Vária – *(Fora de cena)* Ânia! Ânia!

Fim do segundo ato

Terceiro ato

(Sala de estar, separada de um salão maior por um arco. Um lustre está acesso. Ouve-se a grande orquestra judaica, mencionada no segundo ato. É noite. No salão dança-se uma quadrilha. A voz de Simeon Pichtchik: "Promenade à une paire!" *Os dançarinos entram na sala de estar aos pares. Primeiro Pichtchik e Carlota, depois Trofímov e Liuba, logo Ânia e um funcionário dos Correios, em seguida Vária e o chefe da estação, os outros atrás. Vária chora baixinho e enxuga os olhos enquanto dança. No último par está Duniacha. Os dançarinos atravessam a sala, Pichtchik comandando:* "Grand romi balancez!" *e* "Les cavaliers à genoux et remerciez vos dames!" *Firs, de casaca, traz água mineral numa bandeja.)*

Pichtchik – *(Entrando com Trofímov.)* O meu mal é sangue demais; já tive dois derrames. Dançar pra mim é perigoso, mas, como lá diz o outro, quem vai na chuva é pra se molhar. E só se vive uma vez. No mais sou forte como um cavalo. Meu pai, aliás – que Deus o tenha –, gostava de confirmar isso dizendo – como piada, é claro! – que nós todos, os Semionov-Pichtchik, descendemos diretamente de Incitatus, aquele cavalo que Calígula nomeou senador romano. *(Senta.)* Mas eu não tenho dinheiro, aí é que está o busílis. E cavalo com fome só pensa em alfafa. *(Ronca e logo desperta.)* Eu, aqui onde me vê, só penso em dinheiro.

Trofímov – *(Examinando-o.)* Não é por estar na sua presença, mas há realmente alguma coisa de cavalar na sua aparência.

Pichtchik – Não pense que me ofende. É um animal nobre, o cavalo. E vale muito dinheiro, o cavalo. *(Som de bilhar no aposento ao lado. Vária aparece no arco que dá para o salão maior.)*

TROFÍMOV – *(Caçoando.)* Madame Lopakhine! Ô madame Lopakhine!

VÁRIA – *(Com raiva.)* Moço com cara de passa!

TROFÍMOV – Cara de passa sim, madame – e com muita honra!

VÁRIA – *(Deprimida.)* Contratam os músicos; eu quero ver quem vai pagar. *(Sai.)*

TROFÍMOV – *(Para Pichtchik.)* Se a energia que o senhor gastou a vida inteira procurando dinheiro para pagar juros tivesse sido empregada no sentido certo, o senhor teria reformado o mundo.

PICHTCHIK – Nietzsche, o filósofo, homem notável, colossal intelecto, diz, em seus escritos, que todo mundo tem direito a fabricar dinheiro falso.

TROFÍMOV – Não diz, o senhor lê Nietzsche?

PICHTCHIK – Imagina!... Dachenka leu pra mim. Mas, na situação em que me encontro, acho que vou seguir o conselho. Depois de amanhã tenho que pagar 310 rublos – até agora só arranjei 130. *(Põe a mão no bolso.)* Onde é que estão? *(Chora.)* Todo o meu dinheiro! *(Alívio.)* Ahhhh! Tinha esquecido. Costurei no forro. Fiquei gelado!

LIUBA – *(Entra com Carlota cantarolando uma* Lesginka.*)* Leonid está demorando tanto! O que é que ele ficou fazendo na cidade? *(Para Duniacha.)* Duniacha, oferece chá pros músicos. *(Duniacha hesita.)* Chá, Duniacha!

TROFÍMOV – Pode ser que o leilão nem tenha acontecido.

LIUBA – Acho que não era bem a hora de... orquestra! Baile. Bom, deixa. *(Senta. Canta baixinho.)*

CARLOTA – *(Mostra a Pichtchik um baralho.)* Pensa numa carta.

PICHTCHIK – Já pensei.

CARLOTA – *(Dá o baralho a ele.)* Embaralha. Mais. Bom. Dá aqui, estimado senhor Pichtchik. *Ein, zwei, drei!* No bolso de cima! *(Pichtchik procura.)* Dentro!

PICHTCHIK – *(Encontra a carta.)* Oito de espadas! Perfeito! *(Deslumbrado.)* É inacreditável!

CARLOTA – *(O baralho na mão espalmada.)* Depressa! Diz a carta de cima.

TROFÍMOV – Ás de copas.

CARLOTA – Adivinhou. *(Mostra a carta.)* E o senhor Pichtchik?

PICHTCHIK – Rei de espadas.

CARLOTA – *(Descobre a mesma carta.)* Adivinhou. *(Mostra a Liuba.)*

LIUBA – Dois de paus!

CARLOTA – *(Descobre a mesma carta de cima.)* Adivinhou. *(Bate palmas, o baralho desaparece.)* Que tempo esplendoroso está fazendo!

UMA VOZ FEMININA – *(Vindo do assoalho, misteriosa.)* "É verdade, madame, esplendoroso mesmo!"

CARLOTA – Gosto de pessoas assim, gentis, cordatas.

VOZ – "Eu também admiro muito a senhora."

CHEFE DA ESTAÇÃO – *(Aplaudindo com entusiasmo.)* É uma admirável ventríloqua! Bravo!

PICHTCHIK – *(Encantado.)* Nunca vi nada assim! Sem truque! Cara a cara. Encantadora Carlota Ivanóvna, estou simplesmente apaixonado pela senhorita.

CARLOTA – Apaixonado? *(Dá de ombros.)* O que é que o senhor entende de paixão, *guter Mensch, aber schlechter Musikant? (Pichtchik dá ar de não entender.)*

TROFÍMOV – *(Traduz baixinho no ouvido.)* Bom homem, mas músico execrável. *(Bate no ombro dele.)* Responde, cavalão!

CARLOTA – Atenção, por favor! Mais um truque. *(Pega uma manta em cima de uma cadeira.)* Eis aqui uma manta de excelente qualidade: está à venda! *(Sacode a manta.)* Quem dá mais? Façam o lance, senhores!

PICHTCHIK – *(Com admiração.)* O que será agora?

CARLOTA – *Ein, zwei, drei! (Levanta a manta que deixou cair até o chão. Atrás de manta está Ânia, que faz uma pequena reverência, corre para a mãe, beija-a e corre para o salão no meio dos aplausos.)*

LIUBA – Bravo! *(Aplaude.)* Bravo!

CARLOTA – Outra vez! *Ein, zwei, drei! (Levanta a manta por trás da qual está Vária, que cumprimenta o público.)*

PICHTCHIK – *(Entusiasmado.)* É realmente... ora, sim senhor!

CARLOTA – Fim. Terminou o espetáculo. *(Atira a manta em cima de Pichtchik, faz reverência, sai correndo pro salão.)*

PICHTCHIK – *(Corre atrás dela.)* Que patifinha! Maravilha de... criatu... *(Sai.)*

LIUBA – E Leonid não chega. Não entendo o que ele ficou fazendo na cidade, esse tempo todo! A essa altura o leilão já acabou. Ou a propriedade foi vendida ou não foi. Por que nos deixar tanto tempo nessa ânsia?

VÁRIA – *(Tenta consolar.)* Titio comprou tudo de novo, tenho certeza.

TROFÍMOV – *(Irônico.)* Eu também não tenho a menor dúvida.

VÁRIA – *(Irritada com o sarcasmo.)* Nossa tia-avó autorizou titio a pagar tudo e transferir o resto da dívida pro nome dela. Fez isso por Ânia. Estou certa de que Deus vai nos ajudar deixando titio fechar o negócio.

LIUBA – Minha tia Iaroslav mandou quinze mil rublos pra botar a propriedade no nome dela própria porque não confia em nós. Mas isso não dá nem pra pagar os juros.

(Esconde o rosto nas mãos.) O meu destino está sendo decidido hoje, o meu destino.

TROFÍMOV – *(Irritando Vária.)* Madame Lopakhine!

VÁRIA – *(Danada.)* Estudante eterno. Expulso da universidade duas vezes!

LIUBA – Não fica tão zangada assim, Vária. É só uma brincadeira. Deixa pra lá. Seja madame Lopakhine, se quiser. Lopakhine é um moço direito, um homem interessante. Se não quiser, não quis. Ninguém vai te obrigar, querida!

VÁRIA – Mas eu não gosto de brincadeira, mamãe, porque encaro a coisa muito seriamente. Ele é um bom rapaz, eu gosto muito dele.

LIUBA – Pois casa com ele. Não sei o que é que você está esperando.

VÁRIA – Mas, mamãe, eu não posso me oferecer, não é? Há dois anos que todo mundo me fala sobre isso. Mas ele não. Ou cala ou brinca. Eu compreendo. Está cada vez mais rico, cada vez mais ocupado com os negócios, não tem tempo pra mim. Se eu tivesse dinheiro, mesmo pouquinho, cem rublos que fosse, largaria tudo, ia embora pra bem longe. Prum convento.

TROFÍMOV – Que beatitude!

VÁRIA – *(Para ele.)* Um estudante devia ter... juízo! *(Em tom delicado, chorando.)* Como você ficou feio, Pétia. Como está velho! *(Para Liuba, sem chorar.)* Mas eu não posso viver sem trabalho, mamãe; tenho que estar ocupada o tempo todo.

IACHA – *(Entra. Quase sem conter o riso.)* Epikodov quebrou um taco de bilhar! *(Sai.)*

VÁRIA – O que é que esse Epikodov está fazendo aqui? Quem lhe deu licença pra jogar bilhar? Eu não consigo entender essa gente. *(Sai.)*

LIUBA – Não implica com ela, Pétia. Ela já tem amargura bastante...

TROFÍMOV– Vária é muito metida, Liuba Andrêievna, fuçando em tudo que não é da conta dela. O verão inteiro não nos deixou em paz, Ânia e eu, procurando evitar um *amor!* entre nós. O que é que ela tem com isso? Além do que, eu não dei nenhum motivo. Esse crasso sentimentalismo não é comigo. Ânia e eu somos outras pessoas, estamos acima do amor.

LIUBA – E eu, pelo visto, estou abaixo. *(Inquieta.)* Por que Leonid não vem? Eu só quero saber é: me venderam ou não? A hipótese de uma calamidade nem me deixa pensar. Estou perdida. Daqui a pouco eu vou gritar... fazer alguma estupidez. Me ajuda, Pétia, fala alguma coisa.

TROFÍMOV – O que importa se hoje o cerejal foi vendido ou não? É assunto encerrado há muito tempo. Não se atormente, Liuba Andrêievna, nem se iluda. Não há como voltar atrás; teus caminhos já foram reclamados pelo mato. Encara a verdade uma vez na vida!

LIUBA – Que verdade? *Você* sabe onde é que está a verdade, mas eu não – olho e não vejo nada. Você tem segurança, Pétia, enfrenta os maiores problemas do mundo com facilidade e audácia, mas, me diz aqui, meu filho, isso não é porque você é jovem, não é porque nenhum desses problemas te atingiu pessoalmente, te fez sofrer na carne? Quando você encara o futuro com essa audácia não é, na verdade, por ignorância do que a vida te reserva de terrível? Ignorância dos horrores que a vida ainda não te mostrou? Teus olhos são tão novos! Você é mais corajoso, mais profundo, mais honesto do que todos nós; mas, pensa um pouco, a ti te falta *a magnanimidade.* Tem pena de mim! Eu nasci aqui, você sabe, meu pai e minha mãe viveram aqui... e o meu avô.

Eu amo esta casa. Não posso imaginar minha vida sem esse jardim de cerejeiras. Se tem mesmo que ser vendido, que me vendam com ele. *(Abraça Trofímov, beija-o na testa.)* E foi aqui que meu filho se afogou. *(Chora.)* Tem pena de mim, meu querido – meu amigo.

Trofímov – A senhora sabe do afeto, da solidariedade que eu lhe dedico. De todo o coração.

Liuba – Então devia falar de outra maneira. Muito diferente. *(Puxa um lenço, deixa cair um telegrama.)* Meu coração está pesado demais, hoje. Eles fazem esse barulho todo, não sabem o que se passa aqui *(Mão no coração.)* – cada som é uma verruma no meu peito; estou tremendo toda. Mas não tenho coragem de ir pro quarto – tenho medo de ficar sozinha. Do silêncio. Não seja duro comigo, Pétia. Eu gosto de você como de alguém da família. Ficaria feliz se você casasse com Ânia – juro! Só que, meu bom rapaz, você tem que se formar, tirar seu diploma. Você não faz nada! Se deixa levar pra lá e pra cá, pelo destino. Isso é tão estranho. Você não acha? E essa barba? Você tem que fazer alguma coisa com essa barba, pra ela crescer direito! *(Ri.)* Que barba mais esquisita!

Trofímov – *(Apanha o telegrama.)* Eu nunca pretendi ser um modelo de beleza.

Liuba – Veio de Paris. Chega um por dia. Esse selvagem e anti-social está doente de novo, de novo em dificuldades. Pede perdão, implora minha volta... e eu devia voltar, ir pra Paris, cuidar dele. Que cara é essa, Pétia, está chocado? O que é que eu devo fazer, me diz, querido, o que é que eu devo fazer? Ele está infeliz, doente, abandonado. Quem vai tratar dele, cuidar da alimentação dele, impedir que faça asneiras e lhe dar os remédios à hora certa? Eu! Tenho que esconder? Tenho que ter vergonha de dizer? Silenciar!? Eu o amo. É evidente. Eu o amo! Eu o amo! Ele é uma pedra no meu pescoço, vai me levar pro fundo com ele, mas eu vou pro fundo com essa pedra. *(Aperta a mão de Trofímov.)* Não me julga mal, Pétia. Não diz nada.

TROFÍMOV – *(Entre lágrimas.)* Pelo amor de Deus, não posso ficar calado. Desculpe a minha franqueza. Mas esse homem, o mínimo que ele fez foi roubar a senhora!

LIUBA – Cala a boca! Não fala isso! *(Tapa os ouvidos.)*

TROFÍMOV – Esse homem é um velhaco! Só a senhora não percebe! Um inútil! Um crápula desprezível!

LIUBA – *(Zangada mas se contendo.)* Você tem 26 ou 27 anos, mas ainda vê tudo como uma criança.

TROFÍMOV – Pode ser. E daí?

LIUBA – Devia se comportar como um homem. Já devia entender melhor o que é o amor. Já devia você mesmo ter experimentado uma paixão – só assim poderia falar. *(Raiva.)* É isso! E não me venha com a sua pureza. O que você é é um puritano, um hipócrita mesquinho, um anormal...

TROFÍMOV – *(Horror.)* O que é que ela está dizendo?!

LIUBA – "Eu estou acima do amor!" Você está acima de coisa nenhuma. Como diz o Firs, você é um bom vale-nada. Você não está acima do amor, Pétia. Você não o alcança. Com 27 anos e não tem nem uma amante!

TROFÍMOV – *(Horror.)* Que horror! O que é que ela está dizendo!? *(Vai saindo pro salão rapidamente, as mãos na cabeça.)* Que horror! Eu não agüento isso! Vou embora! *(Sai; mas volta logo.)* Está tudo acabado entre nós! *(Sai, para o salão.)*

LIUBA – *(Grita por ele.)* Pétia. Espera um pouco, rapaz! Não seja ridículo, garoto. Eu estava brincando! Pétia! *(Ouve-se o som de alguém correndo por uma escada e logo caindo com um estrondo. Grito de Ânia e Vária e, logo depois, risos.)* Que foi que aconteceu?

Ânia – *(Entra correndo, rindo.)* Pétia rolou escada abaixo! *(Sai correndo.)*

Liuba – Ridículo. Sempre querendo roubar o espetáculo!

Chefe da estação – *(Se põe no meio da sala, recita.)* "Madalena, a Pecadora." De Leon Tolstói. A estória de uma jovem de excelente família, cuja alma impulsiva e ardente a arrasta à decadência moral.
A jovem prostituta Maria Madalena
Leva o copo de vinho aos lábios quentes
E no faustoso salão de ouro e brocado
Suas vestes luxuosas, olhares indecentes
Proclamam sua vida de pecado.

(A orquestra ataca uma valsa. Trofímov, Ânia, Vária, Liuba, todos dançam.)

Liuba – Vem cá, Pétia, vem, minha alma pura. Eu te peço perdão. Vamos dançar. *(Dança com ele. Ânia e Vária dançam juntas. Firs entra, põe sua bengala junto de porta. Iacha também entra e observa a dança.)*

Iacha – O que é que há, rapazinho?

Firs – Não estou me sentindo bem. Antigamente havia generais, barões e almirantes dançando em nossos bailes. Agora convidamos o chefe da estação e um funcionário dos correios e eles ainda fazem o favor de vir. Estou ficando fraco. Estou ficando velho. Meu antigo senhor, o avô desses meninos, usava lacre como remédio para qualquer doença. Eu tomo cera lacre há mais de vinte anos. Acho que é por isso que ainda estou vivo.

Iacha – Humm, você me cansa, velho. *(Boceja.)* Por que não deita aí e morre? Já passou tua hora.

Firs – *(Resmunga.)* A da tua mãe também, filhinho! *(Alto.)* Você é um vale-nada.

Liuba – *(Dançando com Trofímov no salão e depois na sala menor.) Merci.* Vou descansar um pouco. *(Senta.)* Estou sem fôlego.

Ânia – *(Entra, agitada.)* Um homem, na cozinha, disse que o cerejal foi vendido.

Liuba – Pra quem?

Ânia – Ele não disse. Falou e foi embora. *(Trofímov pega Ânia e os dois saem dançando pelo salão.)*

Iacha – Foi mexerico de um velho que passou lá dentro; não é daqui – é um estranho.

Firs – E Leonid Andrêiev que ainda não voltou? Estava com um casaco leve, vai pegar um resfriado. Ah, esses meninos! Não têm juízo!

Liuba – Essa incerteza me mata. Iacha, vai lá dentro e descobre o que houve.

Iacha – Ah, o velho já foi embora há muitos anos! *(Ri.)*

Liuba – *(Aborrecida.)* De que é que você está rindo? Aconteceu alguma coisa engraçada?

Iacha – Epikodov. Sujeito ridículo o nosso "Vinte e duas desgraças".

Liuba – Firs, se a propriedade for vendida pra onde é que você vai?

Firs – Pra onde a senhora mandar, madame.

Liuba – Que é que você tem? Está doente? Devia estar na cama.

Firs – *(Irônico.)* É! Eu na cama, quem é que vai servir isso aqui? Só tem eu pra servir a casa inteira.

Iacha – Madame Liuba Andrêievna, permita-me um pedido. Se a senhora voltar a Paris dê-me a honra de acompanhá-la. Pra mim é totalmente insuportável permanecer aqui. *(Olha em volta, em tom cúmplice.)* Não é preciso dizer, a senhora vê com seus próprios olhos – uma terra bárbara, uma gente analfabeta e sem moral; e morre-se de tédio. A comida é abominável e ainda tem o velho Firs se arrastando por aí, gaguejando palavras desconexas. Por favor, me leve!

Pichtchik – *(Entra.)* Podia dar-me o prazer desta valsa, minha bela senhora? *(Liuba dança com ele.)* Encantadora amiga, realmente é-me insopitável pedir-lhe um pequeno auxílio de 130 rublos. *(Dança.)* Um empréstimo breve, uma soma insignificante: 130 rublos. *(Passam para o salão.)*

Iacha – *(Cantarola.)*
"Ah, se entendesses como é vão
Ajudar com dinheiro um coração..."

(No salão surge uma figura de cartola cinza e calças quadriculadas gesticulando e saltando. Gritos de "Bravo, Carlota Ivanóvna!")

Duniacha – *(Parando para empoar o nariz.)* A senhorita Ânia mandou-me dançar. Há muitos cavalheiros, poucas damas. Mas dançar me deixa tonta, me dá palpitação. Firs, agora mesmo o funcionário dos Correios me disse uma coisa que me deixou sem fala. *(A música pára.)*

Firs – O quê?

Duniacha – Disse... Assim... "Você é como uma flor."

Iacha – *(Boceja.)* É. Couve-flor. *(Sai.)*

Duniacha – Como uma flor! Eu sou tão delicada, qualquer coisa assim me transtorna. Adoro uma palavra de carinho.

Firs – Carinho. Isso sempre acaba mal.

Epikodov – *(Entra.)* A senhorita olha e nem me vê, Duniacha Avitódia. Eu me sinto um inseto. *(Suspira.)* A vida! A vida!

Duniacha – O que é que o senhor deseja?

EPIKODOV – É indubitável que a razão pode ser sua. *(Suspira.)* Mas, seja de que ponto de vista seja, o seu, o meu, ou ambos, a senhorita – não sei se me é lícito lembrá-lo – foi quem me reduziu a este... estado. Conheço meu destino. *(Sinal com os dedos de longo tempo.)* Todo dia sobre minha cabeça cai um novo infortúnio. Eu já me acostumei. Tanto que algumas vezes encaro com um sorriso uma desgraça ou outra. Mas a senhorita me deu a sua palavra e embora eu...

DUNIACHA – Não podemos discutir isso mais tarde? Quer me deixar em paz agora? Estou mergulhada num sonho neste momento, será que não percebe? *(Brinca com o leque.)*

EPIKODOV – Cada dia uma desgraça nova e eu, contudo – que faço eu? –, simplesmente sorrio. Às vezes rio.

VÁRIA– *(Entra vindo do salão.)* Você ainda não foi, Epikodov? Você não tem o menor respeito pelos outros? Realmente! *(Para Duniacha.)* Retire-se, Duniacha! *(Para Epikodov.)* Primeiro você joga e quebra um taco, depois fica aí pela casa como se fosse um convidado.

EPIKODOV – Tomo a liberdade de informá-la que não aceito sua reprimenda. Sobretudo aqui e agora.

VÁRIA – É apenas uma observação – você não faz coisa alguma. Passa o tempo todo pra lá e pra cá, e trabalho, nada. Nós o pagamos como guarda-livros eu não sei por quê.

EPIKODOV – *(Ofendido.)* Se eu trabalho, ando, sento, levanto, como ou jogo bilhar é coisa que só pode ser julgada por pessoas mais velhas e mais capacitadas!

VÁRIA – Você tem a audácia?! *(Explode.)* Você está dizendo que eu não estou capacitada a lhe dar ordens? Tem a coragem?! Fora daqui! Ponha-se para fora! Agora!

EPIKODOV – *(Intimidado.)* Não permito que... pelo menos tem que moderar a... sua linguagem.

VÁRIA – *(Fora de si.)* Fora! Fora! Fora! Na rua! *(Ele sai depressa, ela vai atrás.)* Vinte e duas desgraças! E nunca mais me apareça aqui! Não ouse voltar!

EPIKODOV – *(Fora de cena como quem força a porta.)* Eu vou dar parte de você! Vou processá-la!

VÁRIA – Ah, não vai embora não?! *(Pega a bengala que Firs colocou junto da porta.)* Você vai ver! *(Através de porta, para fora, ela bate.)* Toma! Toma! Eu te ensino de uma vez por todas. Toma!

LOPAKHINE – *(Entra, evitando os golpes.)* Obrigado! Muito obrigado pela recepção!

VÁRIA – *(Zangada e irônica.)* Ah, desculpe. Eu pensei...

LOPAKHINE – Não tem de quê. Pelo menos foi uma recepção calorosa.

VÁRIA – Ora! *(Vai saindo rapidamente. Logo pára, pergunta, delicada.)* Não machuquei, machuquei?

LOPAKHINE – Oh, não foi nada. Só um galo. *(Segura a testa.)*

VOZES NO SALÃO – Chegou Lopakhine!

PICHTCHIK – Olha só quem está aí! Lopakhine em carne e osso. *(Beija-o.)* Há um delicioso aroma de conhaque em sua boca, caro amigo. Mas nós aqui também nos divertimos.

LIUBA – *(Entra.)* Enfim, Alexêievitch! Por que demorou tanto? E Leonid?

LOPAKHINE – Está aí. Veio comigo.

LIUBA – *(Ansiosa.)* Como é que foi tudo? Fizeram o leilão? Fala, pelo amor de Deus!

LOPAKHINE – *(Encabulado, não querendo demonstrar alegria.)* O leilão terminou às quatro horas. Mas perdemos o trem e tivemos que esperar até nove e meia pelo outro. Uui! Estou meio zonzo... *(Entra Gaiév com embrulhos embaixo do braço, enxugando lágrimas com a mão esquerda.)*

Liuba – Mas no leilão, Leonid, o que aconteceu? *(Impaciente. Chorando.)* Conta depressa, estou ansiosa – pelo amor de Deus!

Gaiév – *(Não responde, acena com a mão. Para Firs, chorando.)* Pega aqui, Firs. São anchovas e arenques em conserva. Não comi nada desde a manhã. Que dia! Só eu sei o que passei. *(A porta de sala de bilhar está aberta. Barulho de bolas.)*

Iacha – *(Fora de cena.)* Dezoito! Vou enfiar a sete!

Gaiév – *(Parando de chorar.)* Estou morto. Me ajuda a trocar de roupa, Firs. *(Sai pro seu quarto, pelo salão.)*

Pichtchik – Conta logo de uma vez – como é que foi o leilão?

Liuba – Fomos vendidos?

Lopakhine – *(Abana a cabeça, positivamente.)* É. O cerejal foi vendido.

Liuba – Quem comprou?

Lopakhine – Eu. *(Pausa. Liuba está esmagada. Cairia no chão se não se apoiasse numa mesa. Vária tira a penca de chaves da cintura, joga no chão e sai.)* Eu comprei o Jardim das Cerejeiras. Um pouco de paciência, senhoras e senhores, por favor. Minha cabeça ainda está meio perturbada com isso tudo. Tenho que me concentrar. Preciso de calma pra explicar. *(Ri.)* Bom. Chegamos no leilão. Deriganov já estava lá. Imediatamente queimou o lance de quinze mil rublos de Leonid – tudo que este tinha – oferecendo trinta mil acima da hipoteca. Eu aparei o golpe, subi para quarenta mil rublos, ele foi a 45 mil, eu gritei 55 e continuamos, ele subindo cinco mil de cada vez, eu dez. Bem... Terminou. No meu último lance, noventa mil, Deriganov desistiu, o martelo bateu. O Jardim das Cerejeiras é meu. Meu! *(Riso nervoso. Não se contém mais.)*. Meu Deus, o cerejal é meu! Me chamem de bêbado, digam que enlouqueci, que é só um sonho. *(Bate com o calcanhar no chão.)* Não riam de mim! Se meu pai e meu avô levantassem da tumba agora, iam ver este momento do seu Iermolai, o Iermolai batido e escorraçado, que vocês deixavam andar na neve esmolambado. O analfabeto Iermolai acaba de comprar a mais bela propriedade do mundo! Comprei a casa em que meu pai e meu avô foram escravos, onde não podiam entrar nem na cozinha! Eu sei; eu estou dormindo, eu estou sonhando! É tudo uma fantasia, trabalho de uma imaginação atolada e desenvolvida nas trevas da ignorância. *(Pega as chaves, sorrindo para elas com carinho.)* Atirou as chaves fora reconhecendo que agora não é mais a dona da casa. *(Faz as chaves tilintar.)* É isso. *(Ouve-se a orquestra afinando.)* Hei, músicos, toquem! Bem alto! Venham todos assistir o estúpido Iermolai Lopakhine levantar seu machado no meio do jardim e botar no chão todas essas cerejeiras! Vamos construir casas aí e desse mesmo chão os nossos filhos, e os filhos dos nossos filhos, verão brotar uma vida nova. Música, rapazes! *(Música.)* Pessoal! *(Música aumenta. Liuba começa a chorar amargamente, afundada numa cadeira. Lopakhine se aproxima e fala em tom de censura.)* Por quê? Por que não me ouviu? Minha pobre amiga, agora é tarde! *(Chora.)* Oh, tomara que isso acabe logo... que a gente encontre alguma maneira de mudar esta nossa vida absurda e miserável.

Pichtchik – *(Pega-o pelo braço. Fala baixo.)* Vamos pra dentro. Ela está chorando. Deixa ela sozinha. Vamos. *(Vão saindo pro salão.)*

Lopakhine – Como é, pessoal, quedê a música? Bem alto! Eu não mandei? *(Com ironia.)* Não ouviram o novo patrão, o dono do Jardim das Cerejeiras? *(Esbarra numa mesinha, derruba um candelabro.)* Eu pago! *(Sai com Pichtchik. A cena fica apenas com Liuba, que continua chorando dolorosamente. A música é suave, agora. Ânia e Trofímov entram rapidamente. Ânia vai até a mãe, cai de joelhos diante dela, Trofímov fica junto à entrada do salão.)*

Ânia – Mamãe! Mamãe, você está chorando por quê, minha boa, linda, meu amor de mãe? Você é a coisa mais preciosa que eu tenho! Eu te amo, eu te bendigo. Venderam o Jardim das Cerejeiras, não é mais nosso, é verdade, mas não chora, mamãe. Nós temos toda a nossa vida e você tem ainda esse coração tão bom e tão puro. Vamos, vamos embora daqui, meu amor; nós plantamos um outro jardim mais bonito do que esse; você vai ver se não. A alegria, eu juro, mamãe, uma alegria tranqüila e boa vai aquecer de novo a tua alma como o sol da manhã. Você vai sorrir, mamãe! Dá um sorriso! Vem, vamos embora.

Fim do terceiro ato

Quarto ato

(A mesma cena do primeiro ato. Não há mais cortinas nas janelas nem quadros nas paredes. Só alguns móveis num canto, como à venda. Desolação. Junto à porta exterior e no fundo de cena, malas estão empilhadas, sacos de viagem etc. A porta à esquerda está aberta e dali se ouvem as vozes de Ânia e Vária. Lopakhine está em cena, de pé, esperando. Iacha segura uma bandeja com taças cheias de champanhe. No proscênio Epikodov tenta amarrar um caixote. Do fundo vem o barulho das vozes dos camponeses. Vieram se despedir.)

Gaiév – *(Fora de cena.)* Obrigado, meus irmãos, muito obrigado.

Iacha – O povo! Os camponeses vieram se despedir. Aqui para nós, Iermolai Alexêievitch, essa gente tem boa índole, mas é muito ignorante! *(O rumor das conversas desaparece. Gaiév e Liuba atravessam a cena. Ela está pálida mas não chora. Seu rosto está trêmulo, não consegue falar.)*

Gaiév – Você deu a bolsa pra eles, Liuba! Assim não pode ser! Tem que parar com isso!

Liuba – Não consegui evitar! Não consegui! *(Saem ambos.)*

Lopakhine – *(Na porta. Pra eles.)* Uma taça de champanhe antes de partir! Por favor! Me esqueci de comprar na cidade; na estação só achei uma garrafa. Um gole, vamos! *(Pausa.)* Não querem mesmo? *(Vem para o centro.)* Se eu soubesse não comprava. Bem, então também não bebo. *(Iacha pousa a bandeja numa cadeira, cuidadosamente.)* Bebe você, Iacha.

IACHA – Boa sorte aos que se vão, boa sorte aos que se ficam. *(Bebe, faz cara estranha.)* Lamento muito, mas não é legítima!

LOPAKHINE– Oito rublos a garrafa! Está um frio danado aqui dentro.

IACHA – Não acenderam os fogões hoje – vai todo mundo embora. *(Ri.)*

LOPAKHINE – Qual é a graça?

IACHA – Satisfação.

LOPAKHINE – Já é outubro mas está um sol de verão. Bom pra construir. *(Olha o relógio. Fala na porta.)* Atenção, senhoras e senhores, o trem sai daqui a 47 minutos. Temos que estar na estação em vinte minutos. Por favor... ligeiro.

TROFÍMOV – *(Chega junto da porta usando sobretudo.)* Está na hora; as carruagens já chegaram. Onde, diabo, meti minhas galochas? Perdi! *(Na porta.)* Ânia! Quedê minhas galochas? Você viu?

LOPAKHINE – Eu desço em Karkov. Vou no mesmo trem mas desço lá. Fico o inverno todo. Perdi muito tempo com vocês, nessas conversas sem fim, já estou nervoso de não fazer nada. Preciso trabalhar. Não sei o que fazer com as mãos, parecem de outro – ficam sobrando.

TROFÍMOV – Bem, já estamos indo; logo você pode voltar a suas atividades beneficentes.

LOPAKHINE – Toma uma taça?

TROFÍMOV – Não.

LOPAKHINE – Quer dizer que você fica em Moscou?

TROFÍMOV – É. Acompanho o pessoal até a cidade; amanhã sigo pra Moscou.

LOPAKHINE – Naturalmente a universidade ainda não começou as aulas. Os professores devem estar esperando por você.

Trofímov – *(Aceitando o jogo.)* É o mínimo que eu espero.

Lopakhine – Há quantos anos mesmo você estuda?

Trofímov – Sabe que eu tenho a impressão de que você já me fez essa pergunta? É uma ironia velha e gasta. Arranja outra. *(Procura as galochas.)* Ah, uma coisa; tudo indica que nunca mais nos veremos. Permita-me, portanto, que lhe dê um conselho na hora da partida: pára de sacudir os braços. Perde essa mania. Ah, outra coisa; vilas, a construção dessas cabanas, com essa idéia tola de que os veranistas um dia serão agricultores, isso também... é sacudir os braços. Falo assim porque, tudo dito e somado... eu gosto de você. Tem as mãos de artista, sabe? Dedos finos, delicados. *(Pausa.)* Como sua alma.

Lopakhine – *(Hesita. Abraça-o.)* Adeus, bom amigo. Ainda nos veremos. Obrigado por tudo. Deixe eu lhe dar um dinheiro pra viagem – você vai precisar.

Trofímov – Pra quê?

Lopakhine – Você está sem nenhum.

Trofímov – Tenho alguma coisa, pode ficar tranqüilo. Recebi por uma tradução. Está aqui. *(Bate no bolso. Logo, ansioso.)* Mas onde é que foram parar minhas galochas?

Vária – *(Do quarto ao lado.)* Estão aqui. Pega essa porcaria! *(Atira as galochas.)*

Trofímov – Não precisava ser tão delicada, menina! *(Olha.)* Não são as minhas!

Lopakhine – Na primavera semeei três mil acres de papoula. Quarenta mil rublos limpos! É o que ganhei. E que quadro, que pintura aquelas milhares de papoulas em flor! Quarenta mil de lucro! Digo isso para mostrar que não custa muito te oferecer um pequeno empréstimo. Deixa de orgulho. Sou filho de um campônio, mas...

Trofímov – Seu pai era um campônio – o meu um farmacêutico. O que não quer dizer nada. *(Lopakhine leva a mão* *ao bolso.)* Pára com isso! Se você me oferecesse cinco rublos eu não aceitava. Eu sou um homem livre. Tudo isso a que vocês, ricos e pobres, dão tanto valor, que ambicionam tanto, pra mim não significa absolutamente nada. Penugem brilhando no ar. Sou forte e orgulhoso. Posso prescindir de você. Ignorá-lo. A humanidade caminha para uma verdade maior, uma felicidade maior – possível, sim, na Terra! – e eu vou estar lá: na frente da fila da frente!

LOPAKHINE – Você chega lá?

TROFÍMOV – Eu chego lá. *(Pausa.)* Chego. Ou mostro aos outros o caminho *(Bem longe ouve-se o som de um machado numa árvore.)*

LOPAKHINE – Adeus, meu caro amigo; hora de partir. Ficamos os dois aqui, cada um querendo ser mais que o outro, e a vida passando sem nem notar que existimos. Quando eu trabalho duro, só aí tenho tranqüilidade de espírito e a impressão de que estou vivo. Milhões de pessoas aqui na Rússia não sabem sequer pra que nasceram. Mas, apesar disso, assim ou assado, o mundo gira. Me disseram que Leonid Andrêievitch ficou com o emprego no banco – seis mil por ano. Não vai agüentar muito tempo, claro. É preguiçoso demais.

ÂNIA – *(Na soleira da porta.)* Mamãe mandou pedir pra não começarem a derrubada antes de partirmos.

TROFÍMOV – *(Saindo pelo vestíbulo.)* Tato, Lopakhine! Onde está o seu tato?

LOPAKHINE – Claro! Claro! Deus do céu! Eu falei! Esses broncos! *(Sai.)*

ÂNIA – Levaram Firs pro hospital?

IACHA – Dei instruções pra isso hoje de manhã. Devem ter levado.

ÂNIA – *(Para Epikodov que passa pela sala.)* Sêmion Epikodov, quer fazer o favor de verificar se levaram Firs pro hospital?

IACHA – *(Ofendido.)* Eu disse a Gregor pra levar, hoje de manhã! Não é preciso perguntar cem vezes.

EPIKODOV – Na minha inabalável opinião, o nosso centenário servidor já ultrapassou as possibilidades de reparos médicos e pode ir se juntar a seus ancestrais. Só posso invejá-lo. *(Coloca distraidamente uma mala em cima de uma caixa de chapéus e a esmaga.)* Aí está! Já nem me espanta.

IACHA – *(Zombeteiro.)* Vinte e duas desgraças.

VÁRIA – *(Na porta.)* Firs foi pro hospital?

ÂNIA – Foi.

VÁRIA – Ué! E por que não levaram a carta pro médico? Está ai?

ÂNIA – Ah, sei lá! Eu mando alguém levar. *(Sai.)*

VÁRIA – *(Do quarto ao lado.)* Onde é que está Iacha? A mãe dele está aqui, veio se despedir.

IACHA – *(Gesto de enfado.)* É de tirar a paciência de um santo! *(Todo esse tempo Duniacha esteve ocupada com as bagagens. Só, com Iacha, agora se aproxima dele.)*

DUNIACHA – Você não olhou para mim nem uma vez, Iacha. Você vai embora. Vai me abandonar. *(Chora* e *se atira no pescoço dele.)*

IACHA – Que é que adianta chorar? *(Bebe o champanhe.)* Mais uma semana e estou de novo em Paris. Amanhã pegamos o expresso e – zaammm! – atravessamos a Europa como uma bala. Eu custo a acreditar! Quem foi, foi; quem não vai, fica. *Vive la France!* Isto aqui não me serve, não tem vida aqui, não tem salvação. Estou farto dessa ignorância. Agüentei demais... *(Bebe.)* Pra que está chorando, menina? Se se comportar direito não vai ter motivo de choro.

Duniacha – *(Empoa o nariz, olhando-se num espelhinho.)* Me escreve uma carta de Paris. Você sabe como eu te amei, Iacha! Como eu te amei! Sou sensível demais – você sabe.

Iacha – Shh. Vem gente aí. *(Se ocupa com a bagagem, assobiando baixo. Entram Liuba, Gaiév, Ânia e Carlota.)*

Gaiév – Temos que ir, já estamos atrasados. *(Olha para Iacha. Funga.)* Que cheiro de arenque!

Liuba – Em dez minutos estamos na carruagem. *(Olha em volta.)* Adeus casa querida, adeus, velho lar de meus pais. Quando acabar o inverno e vier a primavera você não existirá mais. Vão te derrubar! O que essas paredes viram! *(Beija Ânia apaixonadamente.)* Meu tesouro, você está radiante, teus olhos brilham. Dois diamantes! Você está contente? Contente mesmo?

Ânia – Muito contente, mamãe. É uma nova vida!

Gaiév – É verdade. Está tudo bem, agora. Antes da venda do jardim estávamos todos tensos e infelizes. Mas agora, que tudo terminou, que tudo é irrevogável, voltamos à calma, todos; até mesmo à alegria. Sou um bancário, agora, quer dizer, um financista – tá? Encaçapei a vermelha. E você, Liuba, você está muito melhor agora. Nem tem dúvida.

Liuba – É. Meus nervos melhoraram – estou muito mais calma. *(Dá-lhe o casaco e o chapéu.)* Dormindo bem. Leva minhas coisas, Iacha. Está na hora. *(Para Ânia.)* Daqui a pouco estamos juntas de novo, filhinha. Vou viver um certo tempo em Paris com o dinheiro que sua tia-avó mandou pra pagar a hipoteca – viva a ela! Bom, esse dinheiro não vai durar muito.

Ânia – Volta logo. Vai voltar, não vai? Vou estudar dia e noite, passar em todos os exames e começar a trabalhar pra ajudar a senhora. Vamos ficar juntas outra vez, ler mil livros juntas, diz que vamos, mamãe! *(Beija as mãos de Liuba.)* Nas noites de outono, vamos ler tudo, as duas, e aprender a viver uma vida nova, maravilhosa. *(Sonhando.)* Mamãe, volta logo.

Liuba – Volto sim, meu tesouro, volto logo. *(Abraça-a. Entram Lopakhine e Carlota, que cantarola baixinho, com uma trouxa parecendo um bebê.)*

Gaiév – Carlota também está contente. Cantando!

Carlota – *(Com a trouxa.)* Adeus, adeus, meu filhinho. *(Ouve-se um bebê chorando: "Uaaáááá!")* Sshhhh. Não chora não! *(Bebê chora outra vez.)* Assim sua mãe não gosta mais de você. *(Atira o bebê fora.)* Alguém tem que me arranjar um emprego. Não posso continuar assim.

Lopakhine – Claro que se arranja, Carlota Ivanóvna. Não se preocupe.

Gaiév – Todos nos abandonam. Vária também. De repente somos inúteis.

Carlota – Não tenho onde ficar na cidade. É melhor eu também ir embora. *(Cantarola.)* Tanto faz. *(Entra Pichtchik.)*

Pichtchik – *(Sem ar.)* Ah... Deixem-me recuperar o fôlego... Estou morto... prezados amigos... água... por favor.

Gaiév – E um empréstimo, também! Às suas ordens. O melhor é eu ir embora. Não quero ser uma tentação. *(Sai.)*

Pichtchik – Há quanto tempo não tenho a honra... não venho vê-la... cara, caríssima senhora. *(Vê Lopakhine.)* Você está aqui... prazer em vê-lo... homem de notável intelecto... toma... pega aqui! *(Dá quatrocentos rublos a Lopakhine.)* Quatrocentos rublos. Fico devendo só 840.

Lopakhine – *(Ergue os ombros em sinal de espanto.)* Mas eu estou sonhando! Onde arranjou isso?

Pichtchik – Espera um pouco... Que calor!... Aconteceu uma coisa espantosa! Uns ingleses entraram na minha fazenda e descobriram uma espécie de argila branca. Na minha terra! *(Para Liuba.)* E quatrocentos também pra senhora, a mais maravilhosa das amigas. *(Dá.)* O resto... depois. *(Bebe água.)* Agora mesmo, no trem, um rapaz me disse que um grande filósofo aconselha as pessoas a se atirarem do telhado das casas. Parece que resolve tudo. "Saltem!" – diz ele. "E não terão mais nenhum problema!" Já imaginaram? Mais água, por favor.

Lopakhine – E os ingleses?

Pichtchik – Ah, os ingleses! Dei a eles o direito de explorar o barro branco durante 24 anos. Mas agora, me desculpem... Tenho que ir. Tenho que ver mais gente. Znoikovo, Kardamanovo... vou pagar todo mundo. *(Bebe.)* À saúde de todos! Quinta-feira eu volto.

Liuba – Estávamos justamente saindo pra cidade. Amanhã embarco pro estrangeiro.

Pichtchik – O quê? *(Alarmado.)* Embora? *(Olha em volta.)* Estou vendo! A mobília, as caixas... as malas. Não faz mal. *(Chora.)* Não faz mal... homens de extraordinário intelecto... esses ingleses... É assim mesmo... sejam felizes! Deus que os ampare. Não faz mal não. Tudo acaba neste mundo. *(Beija a mão de Liuba.)* Se um dia a notícia do meu fim chegar aos seus ouvidos, dedique um instante a este cavalo velho e diga: "Eu me lembro, eu conheci esse Sêmionov Pichtchik – existiu sim; que a Glória de Deus esteja com ele!" Faz um tempo maravilhoso. É... *(Sai, agitadamente, mas ainda se vira e diz:)* Dachenka manda lembranças. *(Sai.)*

Liuba – Então vamos. Mas levo duas preocupações. Uma é deixar Firs doente. *(Olha o relógio.)* Ainda temos cinco minutos.

Ânia – Já levaram Firs pro hospital, mamãe. Iacha providenciou isso de manhã.

Liuba – Vária é minha outra ansiedade. Só sabe trabalhar, da manhã à noite. E agora, sem ter o que fazer, vai definhando.

Está magra, pálida, vive chorando. Pobre Vária. *(Pausa.)* Você sabe muito bem, Alexêievitch, que meu sonho era casá-la com você... e tudo indicava que isso ia acontecer. *(Sussurra para Ânia, acena para Carlota, as duas saem.)* Ela o ama, eu sei que você gosta dela. Mas... não compreendo por quê, vocês dois parecem... se evitar. Não consigo entender.

Lopakhine – Eu também não entendo. Confesso. É uma coisa estranha o que acontece. Não sei. Mas se ainda é tempo, eu estou pronto agora mesmo. Acertamos tudo logo, de uma vez. Porque, sem a senhora aqui, sabe, jamais serei capaz...

Liuba – Excelente! Excelente! Resolvemos num instante. Vou chamar Vária.

Lopakhine – Temos até o champanhe. *(Olha as taças.)* Estão vazias! Beberam tudo! *(Iacha tosse.)* Bebeu.

Liuba – *(Animadíssima.)* Isso não tem importância. Vamos sair daqui, Iacha! *Allez!* Vou chamá-la. *(Na porta.)* Vária, larga tudo aí e vem cá. Depressa! *(Sai com Iacha.)*

Lopakhine – *(Olhando o relógio.)* É. *(Uma pausa. Atrás da porta há risinhos e cochichos. Finalmente, Vária entra.)*

Vária – *(Procurando entre as coisas durante algum tempo.)* É esquisito. Não sei onde botei.

Lopakhine – O que é que você está procurando?

Vária – Eu mesma empacotei e agora... não me lembro. *(Pausa.)*

Lopakhine – Pra onde você vai agora, Vária Mikailóvna?

Vária – Eu? Pra casa dos Ragulin. Vou cuidar da casa deles. Uma espécie de governanta. Espero eu.

Lopakhine – Mas é em Iachnievo! A oitenta quilômetros daqui! *(Pausa.)* Quer dizer que acabou mesmo a vida nesta casa.

VÁRIA – *(Procurando de novo.)* Onde é que está? Vai ver eu pus no baú. É, a vida aqui acabou. Não sobrou nada.

LOPAKHINE – E eu estou indo pra Karkov – no mesmo trem que eles. Tenho muito trabalho lá. Deixo o Epikodov aqui. Vai trabalhar pra mim.

VÁRIA – Ah, é?

LOPAKHINE – Nesta época, no ano passado, já estava nevando, lembra? Agora ainda temos esse tempo – olha o sol. Mas já esfriou muito – três abaixo de zero.

VÁRIA – Eu nem olhei. *(Pausa.)* Aliás, o termômetro quebrou. *(Pausa.)*

VOZ – *(Na porta do quintal.)* Iermolai Alexêievitch!

LOPAKHINE – *(Como se só estivesse esperando esse chamado.)* – Estou indo! *(Sai rapidamente. Vária senta no chão, põe a cabeça numa* trouxa, soluça baixinho.)

LIUBA – *(Entra cautelosamente.)* Como foi? *(Pausa.)* Temos que ir.

VÁRIA – *(Enxuga as lágrimas, não chora mais.)* É, mamãe, está na hora. Posso chegar na casa dos Ragulin ainda hoje, se o trem de vocês não atrasar.

LIUBA – *(Na porta.)* Ânia, pega tuas coisas! *(Entra Ânia, seguida de Gaiév e Carlota. Gaiév veste um casaco pesado com um capuz,* vachilik. *Criados e cocheiros entram. Epikodov cuida da bagagem.)* A viagem está começando.

ÂNIA – *(Alegre.)* Que bom!

GAIÉV – Meus amigos, meus caros, amados, amigos. Ao deixar esta casa para sempre poderia eu silenciar? Deveria me reprimir e, nesta hora final, conter a emoção que me invade a alma?

ÂNIA – *(Suplicando.)* Titio!

GAIÉV – *(Decepcionado.)* Tabela, carambola e caçapa. Tac-tac-tac! Não digo mais nada. *(Entram Trofímov e, depois, Lopakhine.)*

TROFÍMOV – Senhores e senhoras, o coche espera.

LOPAKHINE – Epikodov, o meu casaco!

LIUBA – Vou ficar mais um minuto só, aqui sentada. É como se eu nunca tivesse visto essas paredes, como eram os tetos desta casa. E de repente vejo; e sinto um desejo por isso tudo, carinho... amor...

GAIÉV – Quando eu tinha seis anos, sentava ali na janela no dia da Santíssima Trindade e ficava olhando papai atravessar a rua, indo pra igreja...

LIUBA – Já levaram tudo?

LOPAKHINE – Acho que sim. *(Põe o sobretudo.)* Epikodov, toma conta de tudo, hein?

EPIKODOV – *(Rouco.)* Não se preocupe, Iermolai Alexêievitch.

LOPAKHINE – O que é que você tem na voz?

EPIKODOV – Fui tomar um gole d'água, me engasguei com alguma coisa. Ainda está atravessado.

IACHA – *(Desdém.)* Ô ignorância!

LIUBA – Vamos embora – e não fica viva alma aqui...

LOPAKHINE – Até a primavera.

VÁRIA – *(Tira uma sombrinha de um pacote, brandindo-a como quem vai agredir alguém. Lopakhine finge medo.)* O que foi? Não vou te agredir não.

TROFÍMOV – Senhoras e senhores – a carruagem! Vamos perder o trem!

VÁRIA – Pétia, olha as tuas galochas! *(Quase chorando, desfaz a "filha" de Carlota.)* Hum, que coisa mais suja e mais velha!

TROFÍMOV – *(Põe as galochas.)* Vamos, pessoal!

GAIÉV – *(Muito emocionado, evitando chorar. Lento.)* O trem... a estação. A vermelha no centro, tabela na branca, caçapa do meio. Tac-tac-tac!

Liuba – Vamos!

Lopakhine – Está todo mundo aqui? Não falta ninguém? *(Tranca a porta lateral esquerda.)* Vou trancar tudo. Tem muita coisa guardada aí dentro. Vamos indo.

Ânia – Adeus, minha casa! Adeus, minha vida antiga.

Trofímov – *(Fazendo eco.)* Boooooooommmm diaaaa Viiiiida Nooova! *(Sai com Ânia. Vária olha em torno e sai silenciosamente. Iacha e Carlota, esta com o cão, saem.)*

Lopakhine – Até a primavera, então. Até outra vez! *(Sai. Liuba e Gaiév ficam sós. Como se esperassem esse momento, atiram-se um nos braços do outro. Choram baixinho, evitando serem ouvidos.)*

Gaiév – *(Desespero.)* Minha irmã! Minha irmã!

Liuba – O meu jardim! Meu carinhoso, meu lindo jardim! Minha vida, minha juventude, minha felicidade! Adeus! Adeus!

Ânia – *(Voz fora de cena, alegre)* Mamãe!

Trofímov – *(Voz fora de cena, alegre.)* Ehiiii!

Liuba – *(Como quem responde, mas baixo.)* Já vou. Só mais um olhar nas paredes... nas janelas. Mamãe gostava especialmente desta sala.

Gaiév – É mesmo. *(Saem. A cena está vazia. Há o som de portas sendo fechadas. Depois, silêncio. E aí um golpe de machado numa árvore, ecoando um som triste e solitário. Passos.)*

Firs – *(Aparece na entrada à direita. Vestido de casaca branca, como sempre. Mas de chinelos. Está doente. Vai até uma porta, experimenta os trincos.)* Trancada! Eles já foram! *(Senta no sofá.)* Me esqueceram. Não faz mal. Vou sentar aqui um pouquinho. Aposto que Leonid não vestiu o casaco de peles... foi com o outro, mais leve... Nesse frio! *(Suspira.)* Eu não estava aqui!... Esses meninos!... *(Resmunga alguma coisa incompreensível.)* A vida passou... passou... e eu nem

vi. *(Deita.)* Vou deitar aqui um pouquinho. Você não tem mais força, não sobrou nada, Firs. Levaram tudo. Foi tudo embora. *(Risinho.)* Eh, eh, eh! Firs, você é um vale-nada! *(Fica imóvel. Ao longe, vindo do céu, o som de uma corda que se parte. O som vai morrendo tristemente. Volta o silêncio, só quebrado pelos golpes de machado nas cerejeiras.)*

Fim

Tio Vânia

CENAS DA VIDA DO CAMPO EM QUATRO ATOS

Personagens

Alexandre Vladimiróvitch Serebriákov – Professor aposentado.

Helena Andreiévna – Mulher dele, 27 anos.

Sofia Alexandróvna (Sônia) – Filha do primeiro casamento de Serebriákov.

Maria Vassiliévna Voinitskaia – Viúva de um conselheiro de Estado, mãe do tio Vânia e da primeira mulher de Serebriákov.

Ivan Petróvitch Voinítski (Vânia) – filho dela.

Mikhail Lvóvitch Àstrov – Médico.

Iliá Ilitch Teléguine (Bexiga) – proprietário de terras arruinado.

Marina Timo (Nunú) – Uma velha ama.

Um trabalhador

A ação se passa na propriedade rural de Serebriákov.

Primeiro ato

(Um jardim. Vê-se parte da casa com um terraço. Uma mesa posta pro chá. Cadeiras e bancos de jardim. Num deles, uma guitarra. Perto, um balanço. São quase três horas da tarde. O tempo está fechado.)

Marina – *(Velhinha pequena, gordinha, de gestos lentos, está sentada junto do samovar, tricotando uma meia. Àstrov, perto dela, anda pra lá e pra cá. Marina serve um copo de chá.)* Toma. Bebe, paizinho.

Àstrov – *(Pega o copo com relutância.)* Não sei. Acho que estou sem vontade.

Marina – Quem sabe então um copinho de vodca?

Àstrov – Não, eu não bebo vodca todos os dias. E depois, com esse calor... *(Uma pausa.)* Me diz aqui, mãezinha, há quanto anos nós nos conhecemos?

Marina – (*Pensa.*) Quantos... Que Deus ajude a minha memória... Você veio viver por aqui quando... quando foi mesmo? Vera Petróvna, a mãe da Sônia, ainda era viva. Você veio nos visitar dois invernos seguidos enquanto ela ainda estava neste mundo. Quer dizer, no mínimo onze anos. (*Pensa um pouco.*) Talvez mais, quem sabe?

Àstrov – Você acha que eu mudei muito?

Marina – Ah, muito! Você era moço e bonito. Envelheceu bastante. E a beleza foi embora. Também! Tem isso aí – Vodca. Bebe um pouquinho demais, de vez em quando.

Àstrov – É... Dez anos me transformaram em outro homem. A causa? Trabalho demais, mãezinha. Sempre de pé, de manhã à noite, o dia inteiro – sem um minuto de descanso. E mesmo debaixo dos cobertores, na hora de dormir, não consigo paz, com medo de ser arrancado da cama pra atender um doente. Durante esses anos todos que nos conhecemos nunca tive um dia de folga. Como não envelhecer, em tais condições? Além disso, aqui a própria vida em geral é tediosa, estúpida, suja. Sufoca! Nos afundamos nela. Vivemos cercados de pessoas absurdas – basta conviver com elas dois ou três anos e, aos poucos, sem nem perceber, também nos transformamos em seres absurdos. É fatal. *(Cofiando o bigode enorme.)* Han! E esse monstro de bigode que eu fui arranjar!... Ridículo! Vê? Virei também um absurdo. Ainda não completamente estúpido, graças a Deus! Os miolos continuam no lugar... mas os sentimentos foram-se atrofiando. Não desejo nada, não sinto necessidade de nada, não amo ninguém. A não ser você, talvez... É. Eu acho que gosto de você. *(Beija-lhe a testa.)* Tive uma ama como você.

Marina – Não quer comer qualquer coisinha?

Ástrov – Não. Sabe, na primeira semana da Quaresma eu fui a Malitzkoie por causa da epidemia: tifo exantemático. Dentro das casas nem se podia andar, tanta gente doente. Gente morrendo como moscas. Sujeira, fedor, fumaça... bezerros e doentes misturados no chão. Até porcos. Lutei com aquilo o dia inteiro, sem um momento pra sentar ou engolir um bocado de comida. E por acaso me deixaram em paz quando cheguei em casa? Não, me trouxeram um ferroviário – um guarda-freios da estrada de ferro. Eu o coloquei em cima da mesa pra operar mas ele resolveu morrer logo, ali mesmo, assim que cheirou o clorofórmio. Pois olha, exatamente nesse momento, no momento mais inoportuno, o diabo dos meus sentimentos resolveu despertar e cutucar a minha consciência insinuando que eu tinha matado o homem de propósito. Remorsos, é.

Sentei, fechei os olhos – assim – e comecei a refletir. Será que aqueles que virão depois de nós, daqui a cem ou duzentos anos, esses pra quem estamos abrindo os caminhos – será que pelo menos vão se lembrar de nós? Terão para conosco pelo menos uma palavra boa? Não, mãezinha, eu aposto que não.

Marina – As pessoas podem esquecer. Deus lembrará.

Ástrov – Obrigado. Você se expressou muito bem.

Voinítski – *(Sai de casa. Dormiu depois do almoço e está um pouco despenteado. Senta num banco do jardim e ajeita a gravata berrante.)* Bom... *(Pausa.)* Bom...

Ástrov – Como é – dormiu bem?

Voinítski – Dormi. Muito bem. *(Boceja.)* Desde que o professor e a mulher dele vieram morar aqui, a vida desta casa saiu completamente dos trilhos. Nossa rotina enlouqueceu. Durmo nas horas mais disparatadas, no almoço só como o que não devo, no jantar como o que não me faz bem... E bebo vinho. Não há saúde que dê conta de uma coisa dessas! Antigamente eu não tinha um minuto livre. Sônia e eu trabalhávamos como titãs – só vendo! Agora só a Sônia trabalha – eu durmo, como, bebo... Parece-me que isso não está certo.

Marina – *(Abanando a cabeça em desaprovação.)* Reviraram tudo, aqui! O professor levanta ao meio dia, mas o samovar tem que ficar fervendo desde manhã cedo, esperando por ele. Antigamente, antes deles chegarem, almoçávamos logo depois do meio dia, como todo mundo – agora tem vezes em que almoçamos às seis da tarde. O professor passa a noite lendo e escrevendo e aí, subitamente, mais de uma hora da manhã, tum! A campainha toca. Deus do céu, que é que foi? O professor quer chá! E lá vou eu acordar todo mundo pra esquentar o samovar... Reviraram tudo aqui!

Ástrov – Eles vão ficar muito tempo?

VOINÍTSKI – *(Faz que não com a cabeça.)* Uns cem anos só. *(Assobia.)* O professor veio pra ficar.

MARINA – Vê só – é sempre assim. O samovar está aí na mesa há duas horas e eles... passeando.

VOINÍTSKI – Lá vêm eles... Lá vêm eles... Agüenta a mão.

(Ouvem-se vozes. Serebriákov, Helena Andreiévna, Sônia e Teléguine aparecem vindos do fundo do jardim, voltando do passeio.)

SEREBRIÁKOV – Oh, como isso aqui é bonito. Que paisagem maravilhosa!

TELÉGUINE – Tem razão, Excelência; vistas extraordinárias.

SÔNIA – Amanhã nós vamos até a plantação, papai. Não quer vir conosco?

VOINÍTSKI – Senhores, por favor, o chá.

SEREBRIÁKOV – Meus amigos, se não fosse um incômodo, poderiam mandar servir meu chá no escritório? Ainda tenho algum trabalho pra hoje.

SÔNIA – O senhor vai adorar a plantação. *(Helena Andreiévna, Serebriákov e Sônia entram na casa. Teléguine aproxima-se da mesa e senta ao lado de Marina.)*

VOINÍTSKI – Está quente e abafado, mas o nosso grande homem continua de sobretudo e galochas, não dispensa as luvas e não abandona o guarda-chuva.

ÀSTROV – O homem se cuida.

VOINÍTSKI – Percebe-se. *(Pausa.)* Mas ela – como ela é bonita! Que maravilha! Nunca vi mulher mais bonita em toda a minha vida.

TELÉGUINE – Vou te dizer uma coisa. Marina Timofeiévna – em qualquer momento, seja quando estou atravessando o campo, ou passeando num jardim cheio de sombras ou até mesmo aqui, agora, apenas olhando esta mesa –, eu sinto uma felicidade inexprimível! O tempo está maravilhoso, os pássaros gorjeiam e nós vivemos juntos em paz e harmonia – que mais nos falta? *(Pega o copo que Marina lhe passa.)* Eu lhe agradeço do fundo do coração.

Voinítski – *(Sonhador.)* E os olhos?!... Que mulher esplendorosa!

Àstrov – Conta alguma coisa, Ivan Petróvich.

Voinítski – *(Sem muita atenção.)* O que é que você quer que eu conte?

Àstrov – Não há nada de novo?

Voinítski – Absolutamente nada. Tudo igual, tudo velho. Eu sou sempre o mesmo – quer dizer, pior, porque me tornei preguiçoso, não faço coisa alguma e grunho – resmungo! – o tempo todo como um velho caquético. Enquanto isso, minha mamãezinha, essa dama neolítica, continua repisando maravilhas sobre a emancipação das mulheres. Tem um olho na tumba; com o outro, porém, procura, na sabedoria dos livros, a aurora dos tempos novos.

Àstrov – E o professor?

Voinítski – O professor. Continuação. A escrever. O professor continua a escrever. Sentado no escritório, escreve que te escreve, do silêncio da madrugada até a calada da noite.
Testa franzida e pensamento intenso
Escrevo e reescrevo este poema imenso
Mas escrever é estar só comigo
Não espero louvor pelas coisas que digo.

Eu tenho pena do papel em que ele escreve. Faria melhor se escrevesse uma autobiografia. Que assunto magnífico! Um professor aposentado – imagine só! Um velho patráquio, espécie raríssima de bacalhau erudito. Atacado de gota, rangendo de reumatismo, poço de enxaquecas, o fígado inchado de ciúme e inveja. Pois esse bacalhau letrado reside, em certo momento, na propriedade rural de sua primeira mulher. Reside aí, diga-se a verdade, muito a contragosto – só por não ter meios de morar na cidade. E vive se queixando interminavelmente do seu infortúnio embora na realidade seja extraordinariamente feliz. *(Exaltando-se.)* Veja só se não nasceu de banda para a lua! Filho de um sacristão-coveiro, ou coveiro-sacristão, sei lá, foi educado pra padre e, também não se sabe como, chegou aos degraus da universidade. Daí saltou para o professorado, virou "sua Excelência", depois genro de senador e etcetera, e etcetera. *(Pausa.)* E etcetera. Mas isso tudo não é tudo, nem é nada. Tem mais; durante 25 anos esse homem vem, incansavelmente, conferenciando e escrevendo sobre arte, com um detalhe extremamente curioso – ele não entende uma pincelada de arte. Há exatamente 25 anos – bodas de prata! – ele masca e remasca idéias alheias *(Sinal de roubo com a mão.)* sobre realismo, naturalismo e outras patacoadas. Durante 25 anos conferencia e escreve coisas que as pessoas medianamente inteligentes já estão enojadas de saber e pelas quais as pessoas burras não têm o menor interesse. Quer dizer, 25 anos arrombando portas abertas. Vinte e cinco anos exauridos entre o nada e a coisa nenhuma. E ao mesmo tempo, que auto-estima!, que magnífica opinião de si próprio! Que pretensão! Agora está aposentado e não há um ser vivente que lhe dê a mínima importância: é um absoluto desconhecido. E, no entanto, repare só! Anda por aí com a soberba ôla de um deus de lata.

ÁSTROV – E se eu te disser que isso tudo me parece inveja?

VOINÍTSKI – Claro que é inveja! *(Pausa.)* E que sucesso com as mulheres! Nem Don Juan experimentou sucesso igual. Minha irmã – primeira mulher dele – era uma criatura linda e delicada, pura como esse céu azul, generosa, um coração de ouro. Tinha mais admiradores do que ele tinha alunos. Ela o amou como só os anjos de coração puro podem amar outros anjos, tão belos e inocentes quanto eles. Minha mãe ainda o adora; até hoje ele ainda a inspira com um êxtase sacrossanto. A segunda mulher dele – você acabou de ver – é inteligente e uma beleza. Quando casou com ele, ele já era um velho. Entregou-lhe a juventude, a beleza e a liberdade – toda sua esplêndida personalidade... Pra quê? Por quê?

Àstrov – Ela é fiel a ele?

Voinítski – Lamento dizer que sim.

Àstrov – Lamenta por quê?

Voinítski – Porque esse tipo de fidelidade é falsa do começo ao fim. Muita retórica e nenhuma lógica. Ser infiel a um marido velho que ela não suporta mais seria imoral. Fazer um esforço sobre-humano pra sufocar dentro de si própria a juventude, a vitalidade e sua capacidade sentimental – não é imoral. Entendeu?

Teléguine – *(Voz chorosa.)* Vânia, eu não gosto de ouvir você falando assim. Você bem sabe que... Uma pessoa que trai o marido ou a mulher não merece mais nenhuma confiança – é capaz de trair a própria pátria!

Voinítski – *(Tédio.)* Cala o bico, Bexiga!

Teléguine – Me desculpa, Vânia, mas, com sua permissão... Minha mulher me abandonou no dia seguinte ao meu casamento; acredito que devido a este meu físico tão pouco atraente. Fugiu com o homem que amava. Apesar disso jamais faltei às minhas obrigações para com ela. Ainda a amo, sou fiel a ela, ajudo-a em tudo que é possível e gastei tudo que possuía para educar os filhos que ela teve com o homem que amava. Abdiquei da minha felicidade mas conservei meu orgulho. E ela? A juventude se foi, a beleza murchou segundo as leis implacáveis da natureza, o homem que ela amava morreu... O que é que lhe resta? *(Entram Sônia e Helena Andreiévna. Logo depois entra Maria*

Vassiliévna, com um livro na mão. Senta-se e lê. Servem-lhe chá, que ela bebe sem erguer os olhos do livro.)

Sônia – *(Rápido, para Marina.)* Mãezinha, tem uns camponeses aí na porta! Por favor, vai lá e fala com eles – eu sirvo o chá. *(Serve. Marina sai. Helena Andreiévna toma o chá sentada no balanço.)*

Àstrov – *(Para Helena.)* A senhora sabe que eu vim pra ver seu marido. A senhora me escreveu dizendo que ele estava muito doente – reumatismo e alguma coisa mais – e no entanto ele está perfeitamente bem.

Helena – Ontem à noite estava muito deprimido, se queixando de dores nas pernas, mas hoje já não tem mais nada.

Àstrov – Pois é – e eu galopei trinta milhas com risco de quebrar o pescoço só pra ouvir isso. Bom, está certo, não foi a primeira vez, eu já eu já devia ter aprendido. Pelo menos posso permanecer aqui até amanhã de manhã e dormir uma noite de verdade – *quantum satis.*

Sônia – Esplêndido! É tão raro você passar a noite aqui conosco. Aposto que ainda não jantou.

Àstrov – Não, ainda não.

Sônia – Então janta conosco. Agora costumamos jantar logo depois das seis. *(Bebe o chá.)* O chá está frio!

Teléguine – Caiu muito a temperatura do samovar.

Helena – Não se incomode, Ivan Ivanóvich, nós o tomamos frio.

Teléguine – Perdão, meu nome não é Ivan Ivanóvich – é Iliá Ilítch Teléguine, ou Bexiga, como algumas pessoas me chamam devido à minha cara marcada de varíola. Sou padrinho de batismo de Soninha, e sua Excelência, seu marido, me conhece muito bem. Atualmente eu vivo aqui, em sua propriedade... Não sei se teve a bondade de notar que almoço e janto todos os dias em sua mesa.

Sônia – Iliá Ilitch é nosso ajudante, nosso braço direito, por assim dizer. *(Terna.)* Me dá sua xícara; vou lhe servir um outro chá, querido padrinho.

Maria – Oh!

Sônia – Que foi, vovó?

Maria – Esqueci de dizer a Alexandre... Ai, estou perdendo a memória! Recebi uma carta de Pável Alexieiévitch, de Minsk. Nos enviou seu último panfleto.

Àstrov – É interessante?

Maria – É interessante. Mas muito estranho. Denuncia tudo o que defendia sete anos atrás. Não acha espantoso?

Voinítski – Não vejo nada espantoso. Bebe teu chá, "mamãe".

Maria – Mas eu quero falar!

Voinítski – Não temos feito outra coisa nesses últimos cinqüenta anos senão falar e refalar e ler panfletos e reler panfletos. Chegou o momento de calar e recalar.

Maria – Não sei por que você não gosta de me ouvir falar. Perdoa eu te dizer isso, Jean, mas, de um ano pra cá você mudou de tal jeito que eu nem te reconheço. Você era um homem de convicções definidas, uma personalidade luminosa.

Voinítski – É mesmo! Uma personalidade luminosa que não iluminava nem um corredor. *(Pausa.)* Uma personalidade luminosa! Esse elogio a meu passado é uma piada??? Estou com 47 anos. Até o ano passado procurei jogar poeira nos meus próprios olhos – exatamente como você faz, mergulhado num pântano de erudição podre – para não ver as realidades da vida. E eu me achava completamente certo! Mas hoje – se você soubesse! Passo as noites em claro, cheio de frustração e ódio por ter deixado o tempo passar estupidamente. Tantos anos que eu podia ter usado para obter tudo que a idade me recusa agora.

Sônia – Tio Vânia, que coisa mais sem graça!

Marina – *(Para Voinítski.)* Você quer pôr a culpa de tudo em tuas antigas convicções. A culpa não é delas, é tua mesmo. Você se esquece de que princípios, convicções, não são nada em si mesmos – palavras vazias. Você devia ter feito coisas. Alguma coisa importante.

Voinítski – Que coisa importante? Nem todo mundo é um moto contínuo da arte de escrever como o teu Herr professor.

Maria – O que é que você quer dizer com isso?

Sônia – *(Implorando.)* Vovozinha, tio Vânia, por favor!

Voinítski – Eu me calo. Recolho a língua e me desculpo. *(Uma pausa.)*

Helena – Que lindo dia, hoje... Uma temperatura tão agradável.

Voinítski – Vontade da gente se enforcar. *(Teléguine afina a guitarra. Marina anda pra lá e pra cá, perto da casa, chamando as galinhas.)*

Marina – Chou, chou, chou...

Sônia – Mãezinha, o que é que os camponeses queriam?

Marina – O mesmo de sempre – as terras abandonadas. Chou, chou, chou.

Sônia – Qualé que você está chamando?

Marina – A carijó. Não sei onde se meteu com os pintinhos. Tenho medo que os gaviões peguem eles. *(Marina sai. Teléguine toca uma polca. Todos ouvem em silêncio. Entra um trabalhador.)*

Trabalhador – O doutor está aqui? *(Para Àstrov.)* Mikail Lvóvitch, estão chamando o senhor. Por favor.

Àstrov – De onde?

Trabalhador – Da fábrica.

Àstrov – *(Tédio.)* Muitíssimo obrigado!... Bom, tenho que ir. *(Procura o boné.)* É de matar – mas não há nada a fazer.

Sônia – Realmente é lamentável. Mas vem jantar conosco, quando sair da fábrica.

Àstrov – Não, vai ficar muito tarde. E quem sou eu pra jantar? Quem sou eu? *(Pro trabalhador.)* Meu caro amigo, você bem que podia me trazer um copo de vodka, hein? *(O trabalhador sai.)* Quem sou eu pra essas coisas. Essas coisas não são pra mim. *(Encontra o boné.)* Numa peça de Ostróvski tem um personagem com um bigode enorme e um cérebro de minhoca. O meu retrato! Senhores, com a vossa licença... *(Pra Helena.)* Se algum dia a senhora quiser se dignar me visitar – aqui com a Sofia Alexandróvna – isso me dará imenso prazer. Tenho um sitiozinho modesto, uns quarenta hectares, não mais que isso – mas se tiver interesse nessas coisas poderei lhe mostrar um jardim modelo e um viveiro de plantas como não há outro igual na região. Minha propriedade fica junto às reservas florestais, o guarda-florestal é velho e está sempre doente – de modo que eu cuido de toda a mata em volta.

Helena – Eu sei. Já haviam me falado que o senhor é profundamente interessado nas florestas. Claro que isso é uma coisa altamente meritória mas – não interfere na sua verdadeira vocação? Acima de tudo o senhor é um médico.

Àstrov – Só Deus conhece a nossa verdadeira vocação.

Helena – Prefere pôr em uso a outra atividade?

Àstrov – É uma ocupação apaixonante.

Voinítski – *(Irônico.)* Deve ser.

Helena – *(Para Àstrov.)* O senhor ainda é muito jovem... não aparenta mais do que 36, 37 anos. Duvido que ache isso tão interessante quanto diz. Árvores, árvores, só árvores – não é um pouco monótono?

Sônia – Não. É extremamente interessante. Mikail Lvóvitch planta bosques novos todos os anos e até já ganhou uma medalha de bronze e um diploma. Faz tudo que pode pra que as nossas florestas não sejam devastadas. Basta ouvi-lo pra concordar com ele, entender o que ele quer. Diz que as florestas embelezam a terra, ensinam os homens a compreender a beleza, inspiram emoções mais puras. As florestas suavizam o clima. E nas regiões em que o clima é mais amenos as pessoas não gastam energia lutando contra a natureza, são mais gentis, mais cheias de ternura. Nessas regiões as pessoas são mais bonitas, sensíveis, têm o espírito mais flexível, a fala elegante, movimentos mais graciosos. As ciências e as artes florescem, a filosofia é plena de alegria e os homens tratam as mulheres com refinamento e cortesia.

Voinítski – *(Rindo.)* Bravo! Bravo! Viva as árvores! Tudo isso é maravilhoso mas... *(Pra Àstrov.)* não me convence. De modo que o caro amigo vai me permitir continuar a queimar minhas toras no fogão e a construir meus celeiros com madeira de lei.

Àstrov – Você pode muito bem queimar turfa no fogão e fazer celeiros de pedra. Olha, eu admito que se cortem árvores quando isso é indispensável, mas por que destruir florestas? As florestas russas estão literalmente gemendo aos golpes dos machados, milhões de árvores vêm sendo destruídas, as tocas dos animais e os ninhos dos pássaros desaparecem junto com elas, os rios perdem profundidade e secam, paisagens fascinantes somem para sempre. E tudo isso acontece apenas porque as pessoas são preguiçosas e estúpidas e não querem arrancar o combustível de outras fontes *(Para Helena.)* Não concorda comigo, madame? Qualquer pessoa bastante insensível pra queimar tanta beleza num fogão doméstico, capaz de consumir uma coisa que não pode ser substituída, deve ser considerada bárbara, indigna de nosso respeito. O ser humano foi dotado de razão e força criativa pra multiplicar o legado da terra em que vive, mas até agora não criou coisa alguma – só destruiu. Cada dia é menor o número de florestas, há enchentes e secas em toda parte, espécies animais são exterminadas, o clima se torna hostil ao homem, e a terra mais triste, pobre, feia. *(Para Vânia.)* Estou percebendo tua expressão de ironia... Você tem certeza de que tudo que eu digo não é pra ser levado a sério. É. Pode ser que seja tudo mesmo maluquice minha. Mas quando eu passo pelas matas que pertencem aos camponeses, matas que ajudei a salvar do extermínio, ou quando eu ouço o sussurro dos arbustos que plantei com as próprias mãos, sinto a agradável consciência de que também posso influir sobre o clima e que, se daqui a mil anos a humanidade for um nada mais feliz, eu terei contribuído pra isso. Quando planto uma árvore e depois a vejo crescer, se cobrir de verde e ondular ao vento, meu coração se enche de orgulho e eu... *(Vê o trabalhador trazendo um copo de vodca numa bandeja.)* Contudo... *(Bebe.)* Está na hora de partir. Tudo isso deve ser mesmo coisa de maluco. Se me dão permissão... *(Dirige-se para a casa.)*

Sônia – *(Pegando no braço dele e andando com ele.)* Quando pretende voltar, agora?

Àstrov – Não sei.

Sônia – Vamos ter que esperar mais um mês, de novo? *(Entram na casa. Maria Vassiliévna e Teléguine permanecem junto à mesa; Helena Andreiévna e Voinítski caminham até o terraço.)*

Helena – Muito bem, Ivan Petróvitch – mais uma vez o senhor se portou de maneira abominável. Você tinha necessidade de irritar sua mãe, Maria Vassiliévna, chamando meu marido de escritor moto contínuo ou sei lá o quê? E hoje também, na hora do almoço, você discutiu outra vez com Alexandre – que coisa mais mesquinha!

VOINÍTSKI – Mas eu o detesto, você sabe!

HELENA – Não há motivo algum pra detestar Alexandre – ele é igual a todo mundo. Não é pior do que você, por exemplo.

VOINÍTSKI – Se você pudesse ver seu próprio rosto, os seus movimentos! Você dá a impressão de que a vida é um esforço excessivo... Deus do céu, que indolência! Tem preguiça de viver!

HELENA – Tem razão. Preguiça e tédio. Todos culpam meu marido, todos têm pena de mim; me olham com piedade – pobre coitada, casou com um velho. Essa simpática compaixão por mim, como eu a compreendo bem! Àstrov acabou de dizer; vocês todos continuam a destruir as florestas da maneira mais insensível e insensata e daqui a algum tempo não restará mais nada sobre a terra. E estão fazendo o mesmo com o ser humano, destruindo-o, arruinando-o implacavelmente. Logo logo, graças a pessoas como você, não haverá mais na terra nem lealdade, nem integridade, nenhum espírito de sacrifício. Por que vocês homens não são capazes de olhar uma mulher com indiferença a não ser que seja a própria? Porque – o doutor tem razão – há o demônio da destruição em cada um de vocês. Não poupam as florestas, nem os pássaros, nem as mulheres – nem uns aos outros.

VOINÍTSKI – Não gosto desse tipo de filosofia. *(Pausa.)*

HELENA – O doutor tem uma fisionomia cansada, mas sensível. Um rosto interessante. Sônia está visivelmente encantada por ele; gosta dele, se vê logo, e eu compreendo bem os sentimentos dela. Desde que estou aqui ele já nos visitou três vezes. Mas eu sou tímida e ainda não conversei direito com ele nem uma vez. Nem pude ser amável um instante. Deve me achar uma pessoa pelo menos difícil. Desagradável. Sabe, Ivan Petróvitch, cheguei à conclusão de que você e eu somos tão bons amigos porque somos, ambos, tediosos e entediados. Isso mesmo – tediosos! E não me olhe com essa cara, que eu não gosto.

Voinítski – Com que cara eu posso olhar pra você, se eu a amo? Você é minha felicidade, minha vida, minha juventude! Sei que as probabilidades de você corresponder aos meus sentimentos são ínfimas, zero, mas eu não quero nada – deixe apenas que eu ouça sua voz e a olhe... com essa cara.

Helena – Sshhhshiu – eles podem ouvir. *(Vão entrando em casa.)*

Voinítski – *(Seguindo-a.)* Não me repele assim; deixa eu falar do meu amor. Só isso pra mim já é uma felicidade enorme.

Helena – Pra mim é uma tortura. *(Entram em casa. Teléguine dedilha a guitarra e toca uma polca. Maria Vassiliévna toma notas na margem do panfleto.)*

Cortina. Fim do primeiro ato

Segundo ato

(Sala de jantar em casa de Serebriákov. Noite. Ouve-se o vigia noturno com um bastão, dando batidas no jardim. Serebriákov, sentado numa cadeira de braços perto de uma janela aberta, cochila. Helena Andreiévna está sentada junto a ele, cochilando também.)

Serebriákov – Quem está aí? É você, Sônia?

Helena – Não. Sou eu.

Serebriákov – Você, Lenótchka? Esta dor é insuportável.

Helena – *(Cobre os pés dele.)* A manta caiu no chão. *(Enrola a manta nas pernas dele.)* Vou fechar a janela.

Serebriákov – Não. Estou sufocado. Cochilei um pouquinho e sonhei que a minha perna esquerda não me pertencia. Acordei por causa dessa dor terrível. Não, isso não é gota – parece mais reumatismo. Que horas são agora?

Helena – Meia-noite e vinte. *(Pausa.)*

Serebriákov – Amanhã de manhã bem cedo você me procura o livro do Batiushkov na biblioteca. Tenho certeza de que nós temos esse livro.

Helena – Não entendi.

Serebriákov – Procura o livro do Batiushkov amanhã de manhã. Tenho certeza de que está na biblioteca. Não sei por que respiro com tanta dificuldade.

Helena – Você está cansado. É a segunda noite que não dorme.

Serebriákov – Dizem que a gota de Turguêniev degenerou em *angina pectoris*. Receio que me aconteça o mesmo.

Maldita velhice – coisa nojenta. O diabo que a carregue! Quando fiquei velho me tornei repugnante até pra mim mesmo. Imagino como deve ser repugnante pra vocês ter que me olhar... me suportar.

Helena – Você fala de sua velhice num tom de voz que parece que nós é que somos culpados disso.

Serebriákov – Você é a primeira a ter nojo de mim. *(Helena se levanta e vai sentar um pouco mais longe.)* E tem razão, naturalmente. Eu não sou um idiota, compreendo. Você é moça, saudável, bonita, tem vontade de viver – eu sou um velho, quase um defunto. Você acha que eu não compreendo? Claro que continuar vivendo é pura estupidez da minha parte. Mas só lhe peço um pouco de paciência – já, já eu livro vocês todos de mim. Não vou ficar muito tempo por aqui.

Helena – Não agüento mais... Cala, pelo amor de Deus!

Serebriákov – É isso – ninguém agüenta mais – parece que, por minha causa, está todo mundo exausto, entendo, sacrificando a vida e a juventude. Aqui eu sou o único feliz, o único que goza a vida. Claro! Evidente!

Helena – Por favor, quer calar? Você esgota a...

Serebriákov – Não só a você. Já esgotei a todos. Claro! Evidente!

Helena – *(Chorosa.)* Ah, mas é intolerável! Me diz, o que é que você quer de mim?

Serebriákov – Eu? Absolutamente nada!

Helena – Então fica calado, sim? Eu te imploro.

Serebriákov – É uma coisa esquisita: quando Ivan Petróvitch começa a falar ou Maria Vassiliévna, essa velha idiota, está tudo bem, todos escutam. Agora, basta eu dizer uma palavra e todo mundo começa a se sentir desagradado. O simples som da minha voz já é odioso. Bem, admito que sou odioso, egoísta, um déspota – mas será que não tenho direito a esse egoísmo em minha velhice? Não fiz nada pra merecer isso, pelo menos? Será que não tenho direito a uma velhice tranqüila, a um pouco de atenção pessoal?

Helena – Ninguém está contestando os teus direitos. *(O vento bate a janela.)* Está ventando, vou fechar a janela. *(Fecha.)* Vai começar a chover. Ninguém contesta os teus direitos. *(Uma pausa. O vigia noturno, no jardim, bate o bastão ritmicamente e canta logo depois.)*

Serebriákov – Depois de consagrar toda minha vida à cultura, habituar-me à permanência diária em meu gabinete de trabalho, sentir como indispensáveis as minhas conferências e a estima dos colegas, é duro ser lançado assim, subitamente, neste túmulo, obrigado todos os dias a só me encontrar com pessoas tolas, que falam apenas trivialidades. Eu quero viver. Eu amo o sucesso. Adoro ser uma pessoa conhecida, gosto de provocar agitação em torno de mim – e eis-me aqui, um exilado. Isto é o exílio! Passo o tempo amargurando o passado, remoendo o sucesso dos outros e com medo da morte. Não posso mais! É mais do que eu consigo suportar. Não querem me perdoar a minha velhice!

Helena – Espera um pouco, tem paciência! Dentro de cinco ou seis anos eu também serei uma velha. *(Entra Sônia.)*

Sônia – Papai, o senhor mesmo mandou chamar o dr. Àstrov e agora se recusa a recebê-lo? Incomodar o homem assim, pra nada? É uma grosseria.

Serebriákov – Eu não preciso desse Àstrov. Ele entende tanto de medicina quanto eu de astronomia.

Sônia – O que é que o senhor quer? Que toda a faculdade de medicina venha aqui tratar da sua gota?

Serebriákov – Eu não quero nem dirigir a palavra a esse retardado mental.

Sônia – O senhor é quem manda. *(Senta.)* Pra mim é que não faz diferença.

Serebriákov – Que horas são, agora?

Helena – Já passa da meia-noite.

Serebriákov – Estou sufocando. Sônia, me dá essas gotas aí em cima da mesa.

Sônia – Pronto. *(Faz o que ele manda.)*

Serebriákov – *(Irritado.)* Não, não são essas! Que imprestável – nem pra me dar um vidro certo!

Sônia – Por favor, não vem com rabugices não! Outras pessoas podem gostar disso – eu não. Pelo amor de Deus! Poupe-me dessas coisas! E nem tenho tempo – preciso acordar bem cedo amanhã, pra tratar da colheita. *(Entra Voinítski, em robe de chambre e com uma vela na mão.)*

Voinítski – Vem temporal por aí. *(Um relâmpago.)* Olha aí. Helena e Sônia; vão pra cama! Eu fico com ele.

Serebriákov – *(Alarmado.)* Não! Não me deixem sozinho com ele! Vai me matar de conversa.

Voinítski – Elas precisam descansar um pouco. Há duas noites que não dormem.

Serebriákov – Elas podem ir pra cama. Mas você também. Eu te agradeço muito; em nome de nossa antiga amizade, não discuta. Depois falamos sobre isso.

Voinítski – *(Mostrando os dentes.)* Nossa antiga amizade... Antiga mesmo.

Sônia – Pára, tio Vânia!

Serebriákov – *(Para Helena.)* Helena, querida, não me deixa só com ele. Vai me matar com a conversa dele.

Voinítski – Que coisa mais ridícula. *(Entra Marina com uma vela.)*

Sônia – Vai se deitar, vai mãezinha. Já é muito tarde.

Marina – É bom de dizer – vai se deitar. Mas o samovar ainda está lá em cima da mesa. Quem tem que tirar?

Serebriákov – Ninguém dorme nesta casa, todos estão extenuados pelos sacrifícios que fazem – o único contente da vida aqui sou eu.

Marina – *(Aproximando-se de Serebriákov. Carinhosa.)* Como é que tá meu paizinho? Tá doendo de novo? Eu também ando com umas fisgadas na perna – uma dor horrível! *(Arruma a manta dele.)* Não é de hoje que você sofre disso. Vera Petróvna, mãe de Soninha, passava noites e noites em claro por causa disso, cuidando do senhor. Como gostava do senhor, a falecida! *(Pausa.)* Os velhos são iguaizinhos às crianças, gostam muito que a gente tenha peninha deles – mas ninguém tem pena dos velhos. *(Beija Serebriákov no ombro.)* Vamos pra cama, patrãozinho... vamos, minha luz. Vou lhe fazer um chazinho de folha de limeira, esquentar seus pés... e rezar a Deus por sua paz.

Serebriákov – *(Comovido.)* Vamos lá, Marina.

Marina – As minhas pernas também... tão doloridas. Às vezes penso que não vou suportar. *(Ela e Sônia vão conduzindo o professor.)* Vera Petróvna costumava ficar tão perturbada, sofria tanto. Chorava, chorava. Você era muito pequena, Soninha, não entendia nada. Vamos, vamos, meu senhor. Vem! *(Saem os três.)*

Helena – Desta vez me deixou completamente esgotada. Mal me agüento em pé.

Voinítski – Ele a esgota, eu me esgoto sozinho. Há três noites que não durmo.

Helena – As coisas não vão nada bem aqui nesta casa. Sua mãe detesta tudo, com exceção lá dos seus panfletos e do professor. Este vive irritado – não confia em mim e tem medo de você. Sônia está cheia do pai e tem raiva de mim – há quinze dias que não fala comigo. E você detesta meu marido e despreza abertamente sua mãe. Eu vivo com os nervos à flor da pele – hoje cheguei quase a chorar mais de dez vezes. As coisas não vão bem nesta casa.

VOINÍTSKI – Não vamos cair em filosofadas.

HELENA – Ivan Petróvitch, você é um homem culto e inteligente. Já deve ter percebido que o mundo está sendo destruído mas não pelo fogo, nem por catástrofes semelhantes, mas pelo ódio, pelas hostilidade entre as pessoas, por intrigas mesquinhas. O teu trabalho deveria ser o de reconciliar todo mundo e não ficar aí pelos cantos reclamando e resmungando.

VOINÍTSKI – Primeiro você tem que me reconciliar comigo! Querida! *(Dobra-se e beija a mão dela, impulsivamente.)*

HELENA – Que é isso?! *(Retira a mão.)* Vai embora!

VOINÍTSKI – Daqui a pouco a chuva vai parar e tudo na natureza vai respirar de alívio. Só eu não me sentirei aliviado pela tempestade. Dia e noite vivo oprimido pela idéia de que perdi minha vida de maneira irremediável. Eu não tenho passado – dissipei-o nas mais estúpidas frivolidades. E meu presente é angustiante porque sem o menor significado. A minha vida e o meu amor – me diz – pra que servem ambos? O que fazer com eles? Meu amor por você é um desperdício – um raio de sol tentando inutilmente iluminar o fundo de um poço. E eu... eu também sou um desperdício.

HELENA – Quando você me fala do seu amor eu me sinto completamente... estúpida – e não sei o que dizer. Me perdoa – não tenho nada para lhe dizer. *(Vai saindo.)* Boa noite.

VOINÍTSKI – *(Cortando o caminho dela.)* Mas que ao menos você saiba como eu sofro quando penso que, aqui junto de mim, nesta mesma casa, uma outra vida – a sua! – também se desperdiça inutilmente! O que é que você está esperando? Que desgraçada filosofia impede você de agir? Compreenda – tem que compreender!

Helena – *(Olha-o intensamente.)* – Ivan Petróvitch, você está bêbado!

Voinítski – É possível... É possível.

Helena – Onde está o doutor?

Voinítski – Lá dentro. Vai dormir no meu quarto. É possível... É possível... Tudo é possível!

Helena – Quer dizer que bebeu de novo, hoje? Por quê?

Voinítski – Beber é muito parecido com viver. Uma ilusão. Não me proíba isso... Helena!

Helena – Você não bebia nada, antes, e não falava tanto... Vai pra cama! Sua companhia me desagrada.

Voinítski – *(Beijando-lhe a mão com ardor.)* Minha querida... minha maravilha!

Helena – *(Aborrecida.)* Me larga! Que coisa mais desagradável! *(Sai.)*

Voinítski – *(Só.)* Foi embora. *(Pausa.)* Dez anos atrás eu costumava encontrá-la na casa de minha irmã. Tinha dezessete anos, então, e eu 37. Por que não me apaixonei por ela naquele tempo? Por que não a pedi em casamento? Teria sido tão fácil! Seria minha mulher, agora. É... isso mesmo. E nós dois teríamos sido acordados pela tempestade. Ela estaria amedrontada com os trovões, eu a abrigaria em meus braços, murmurando em seu ouvido: "Não fica com medo; eu estou aqui". Oh, que pensamento maravilhoso! Que visão encantadora! Sinto vontade de rir, de tanta felicidade! Meu Deus, como minha cabeça está embrulhada! Por que fiquei tão velho? Por que ela não me compreende? Suas frases refinadas, seu moralismo superficial, suas idéias tolas sobre a ruína do mundo, tudo isso me dá engulhos! *(Pausa.)* E como eu fui enganado! Eu adorava o professor, esse inválido reumático, trabalhava pra ele como um animal! Sônia e eu esprememos esta propriedade até lhe arrancar a última gota. Como dois camponeses avarentos nós vendemos de tudo – óleo de linhaça, ervilha seca, requeijão. Deixamos até de comer, pois nossa satisfação era juntar moeda a moeda até fazer os milhares de rublos que lhe enviávamos com toda regularidade. Eu tinha orgulho dele e da sua ciência, da sua cultura – ele era o ar que eu respirava. Tudo que ele dizia ou falava me parecia uma criação de gênio. E agora? E agora o quê, meu Deus? Está aposentado, aqui, e é impossível não fazer o balanço de sua vida – zero! Nem uma página de seus escritos será lembrada. É um completo desconhecido, uma nulidade completa. Bolha de sabão! Como eu fui enganado! Só vejo agora. Estupidamente enganado.

Àstrov – *(Entra. Usa redingote, mas sem colete ou gravata. Está ligeiramente bêbado. É seguido por Teléguine, que traz uma guitarra.)* Toca alguma coisa pra nós.

Teléguine – Está todo mundo dormindo!

Àstrov – Que é que tem? Toca! *(Teléguine toca suavemente. Para Voinítski.)* Você está aqui sozinho? E as damas da casa? Onde estão? *(Põe as mãos nos quadris, canta delicadamente.)*
Dança, minha cabana
Dança minha fogueira
Não tenho onde descansar
A noite inteira

A tempestade me despertou. Uma bela pancada d'água. Que horas são?

Voinítski – Já é mais tarde do que devia.

Àstrov – Pensei ter ouvido a voz de Helena Andreiévna.

Voinítski – Saiu daqui agora.

Àstrov – Mulher extraordinária! *(Olha os frascos de remédio em cima da mesa.)* Que variedade de remédios *(Examina.)* Bela remedioteca! De Moscou, Karkov, Tula!

O homem passeou sua gota por todas as cidades do país. Reumatismo bem viajado. Ele está mesmo doente ou é tudo fingimento?

VOINÍTSKI – É um doente. *(Pausa.)*

ÀSTROV – Por que você está tão deprimido hoje? Pena do mestre ou quê?

VOINÍTSKI – Não me amola!

ÀSTROV – Ou... quem sabe, você está apaixonado pela mulher dele?

VOINÍTSKI – Ela é minha amiga.

ÀSTROV – Já?

VOINÍTSKI – Já o quê? O quê, já?

ÀSTROV – Uma mulher só se torna amiga de um homem em três etapas. Primeira; uma agradável relação. Segunda; amante. Só depois disso se torna amiga.

VOINÍTSKI – Uma filosofia no mínimo cínica.

ÀSTROV – Acha mesmo? Bom, é... Tenho que reconhecer que estou ficando cínico. *(Quase arroto. Cobre a boca com a mão.)* E, além disso, bêbado. Como regra fico bêbado assim apenas uma vez por mês. Mas, quando neste estado, me torno extremamente agressivo... e provocador. Não há nada de que eu não seja capaz! Tomo as iniciativas mais audaciosas e me saio sempre lindamente; e traço os planos mais extraordinários para o meu futuro. Quando me encontro neste estado já não me considero mais um maluco, um excêntrico – acredito piamente que realizo um trabalho gigantesco em benefício da humanidade. Um benfeitor! Nesses momentos já volto sempre a pensar num sistema filosófico meu original, no qual vocês todos – os meus diletos amigos – aparecem tão insignificantes como pulgas, piolhos, percevejos... micróbios, enfim. *(Para Teléguine.)* Música, Bexiga!

TELÉGUINE – Meu bom amigo, gostaria muito de atender o seu pedido mas, vê bem – a casa inteira está dormindo.

ÁSTROV – Toca, eu estou dizendo! *(Teléguine toca baixinho.)* Não ia mal agora um copinho de vodca. Deixa ver; eu acho que ainda sobrou algum conhaque por aí. Assim que amanhecer vamos pra minha casa. Concorda? Eu tenho um enfermeiro que sempre que alguém pergunta "Concorda?" ele responde quase automaticamente: "Sem corda!" Um patife engraçado. *(Sônia entra.)* Oh, me desculpa estar sem gravata. *(Sai depressa. Teléguine o acompanha.)*

SÔNIA – Tio Vânia, o senhor bebendo outra vez com o doutor! Que belo par! Ele é sempre assim, é uma rotina, mas o senhor... Não fica nada bem, na sua idade!

VOINÍTSKI – Minha idade não tem nada a ver com isso. Quando uma pessoa não vive de verdade tem que viver de ilusões. É melhor do que nada.

SÔNIA – O feno está todo cortado, a chuva não pára, há vários dias, tudo está apodrecendo e o senhor fica aí, tomando as suas ilusões! Abandonou completamente a propriedade e me deixa trabalhando sozinha: estou no fim de minhas forças, não posso mais. *(Alarmada.)* Titio, o senhor está com os olhos cheios de lágrimas!

VOINÍTSKI – Que lágrimas? Nada disso. Que bobagem! *(Pausa.)* É que você me olhou do mesmo jeito que tua mãe me olhava... Minha queridinha. *(Beija sofregamente as mãos dela. E o rosto.)* Minha irmã... Minha irmã querida! Onde está ela agora? Se ela soubesse! Ah, se ao menos ela soubesse!

SÔNIA – O quê, tio? Se ela soubesse o quê?

VOINÍTSKI – Como é doloroso! Tudo errado, talvez... Deixa! Deixa! Mais tarde... Não é nada... Vou sair. *(Sai.)*

SÔNIA – *(Bate na porta.)* Mikail Lvóvitch! Você não está dormindo, está? Quero lhe falar um minuto.

ÀSTROV – *(Fora de cena.)* Já vou! *(Sai logo. De gravata e colete. Irônico.)* Em que é que posso servi-la?

SÔNIA – Olha, você pode beber o quanto quiser, se isso lhe agrada, mas não faz meu tio beber também, eu lhe suplico. É ruim pra ele.

ÀSTROV – Combinado. Não vamos beber mais. *(Pausa.)* Vou pra casa agora mesmo. Escrito e assinado. É só o tempo de atrelarem os cavalos e já será dia claro.

SÔNIA – Ainda está chovendo. Espera um pouco mais.

ÀSTROV – A tempestade corre para o norte, não nos pegará. Tenho que ir. E, por favor, não me peça pra ver seu pai de novo. Eu digo que ele tem gota, ele diz que é reumatismo; eu digo que se deite, ele se levanta e anda. Hoje não quis nem falar comigo.

SÔNIA – Está muito mal-acostumado. *(Olha no aparador.)* Não quer comer alguma coisa?

ÀSTROV – Como não?

SÔNIA – Eu gosto de beliscar alguma coisinha durante a noite. Vamos ver o que há por aqui. Dizem que papai teve grande sucesso com as mulheres e elas o estragaram. Olha, aqui tem queijo. *(Em pé junto do aparador, comem.)*

ÀSTROV – Não comi nada hoje, só bebi. Teu pai é um caráter muito... difícil. *(Pega uma garrafa.)* Posso? *(Bebe um copo.)* Bem, já que não tem mais ninguém aqui, vou te falar francamente: eu não vivia nesta casa nem um mês – ficaria sufocado nesta atmosfera! Asfixiado! Teu pai que só pensa na gota e nos livros, teu tio Vânia, com a sua depressão, tua avó... bem... e tua madrasta.

SÔNIA – Que é que tem minha madrasta?

ÀSTROV – Tudo tem que ser igualmente bonito num ser humano; o rosto, as roupas, a alma, os pensamentos. Ele é bonita, é impossível negar, mas... não faz coisa alguma a não ser comer, dormir, passear e nos encantar com a beleza dela – mais nada. Não tem responsabilidades – todo mundo trabalha pra ela. É ou não é assim? Uma vida ociosa é uma vida impura. *(Pausa.)* Bem, pode ser que eu seja demasiado severo. Estou desgostoso da vida, como teu tio Vânia, e os dois nos tornamos apenas dois velhos rabujentos.

Sônia – Você está desgostoso da vida?

Ástrov – Eu amo a vida. Genericamente falando. Mas a nossa vida, o dia-a-dia da Rússia provinciana, isso eu não suporto. Desprezo isso com todas as forças da minha alma. Quando à minha própria existência, Deus sabe que eu não tenho nada pra agradecer. Olha, quando, numa noite negra, a gente caminha numa floresta e fixa uma luzinha que brilha ao longe, não sente nem o cansaço, nem a escuridão, nem os galhos cheios de espinhos que nos ferem o rosto. Mas eu trabalho mais do que ninguém neste município, você bem sabe, recebo sem cessar golpes grosseiros do destino, às vezes sinto que a vida é insuportável e não vejo a menor luz na mais longínqua distância. Já desisti de esperar qualquer coisa pra mim e não gosto mais das pessoas... Há muito tempo que não amo ninguém.

Sônia – Ninguém?

Ástrov – Ninguém. Quer dizer, tenho um pouco de carinho pela nossa velha Marina – mas talvez porque ela seja uma recordação de outros tempos. Os camponeses são todos iguais, retardados mentais, ignorantes, vivendo na imundície. E quanto às pessoas mais educadas intelectualmente – não consigo me entender com elas. Me cansam. Todas elas, todos os nossos queridos amigos são curtos na inteligência e mesquinhos nos sentimentos, não enxergam um palmo adiante do próprio nariz. Pra acabar com rodeios – uns quadrúpedes! E os poucos mais inteligentes, de calibre mental um tanto mais elevado, são histéricos, positivamente apodrecidos por uma introspecção doentia e uma celebração idiota. Choramingam, vivem cheios de ódio, são mórbidos, dissimulados, maledicentes, examinam as pessoas superficialmente e decretam: "Esse é um mentecapto!!!" "Aquele é um mero fazedor de frases!" E quando, como no meu caso, não sabem que rótulo me colocar, dizem misteriosamente: "Esse aí é um ser estranho. Muito estranho!" Eu gosto de florestas – "muito estranho!"; eu não como carne – "estranhíssimo!" Não há mais nenhum sentimento, nenhuma atitude direta, objetiva, despreconceituada com relação a pessoas ou à natureza. Não sobrou mais nada. *(Vai beber.)*

Sônia – *(Evita que ele beba.)* Não, eu lhe peço, eu imploro – não bebe mais.

Ástrov – Por quê?

Sônia – Isso lhe fica muito mal. Você é uma pessoa encantadora, tem uma voz tão suave... Mais do que isso – você é bonito, de uma maneira que eu não conheço ninguém que seja tão bonito. Então pra que se confundir com essa gente vulgar que vive bebendo e jogando? Não faça isso, torno a implorar! Você sempre diz que as pessoas não criam nada, só destroem o que lhes foi dado pelo céu. Então por que destrói a si próprio? Não faz isso, não faz isso, eu lhe peço, eu suplico – não faz isso não.

Ástrov – *(Aperta a mão dela com calor.)* Eu não bebo mais!

Sônia – Me dá sua palavra.

Ástrov – Palavra de honra.

Sônia – *(Apertando a mão dele com calor.)* Muito obrigada!

Ástrov – Chega. Já estou sóbrio. Olha bem – estou completamente sóbrio e vou permanecer assim até o fim dos meus dias. *(Olha o relógio.)* Mas, continuando. Como eu estava dizendo, o meu tempo passou, já é tarde pra mim. Envelheci demais, me deixei consumir pelo trabalho, me tornei cáustico, quase insensível. Acredito que nunca mais seja capaz de vir a gostar de outro ser humano. Não, não amo ninguém – nunca mais vou amar. Por que então a beleza ainda me emociona tanto? A isso eu não consigo ficar indiferente. Por exemplo – acho que, se Helena Andreiévna quisesse, me faria perder a cabeça num instante! Mas isso, claro, isso não é amor – não é afeição. *(Cobre os olhos com as mãos e estremece.)*

Sônia – O que é que você tem?

Àstrov – Nada. Na quaresma um dos meus pacientes morreu sob o efeito do clorofórmio.

Sônia – Já é tempo de esquecer isso. *(Pausa.)* Me diz uma coisa, Mikail Lvóvitch, se eu tivesse uma amiga ou uma irmã mais moça e você soubesse que ela... suponhamos... que ela o amava, o que você faria?

Àstrov – *(Encolhe os ombros.)* Não sei. Provavelmente nada. Faria ela compreender que não podia amá-la. Tenho tantas outras coisas na cabeça! Bem, se devo ir é melhor ir logo. Adeus, minha querida amiga, senão ficamos aqui, conversando até de manhã. *(Aperto de mão.)* Você me permite mas vou sair pelo salão – se teu tio me encontra, não saio nunca mais. *(Sai.)*

Sônia – *(Só.)* Não me disse nada. Sua alma e seu coração estão totalmente fechados pra mim e, no entanto... por que me sinto tão feliz? *(Ri de felicidade.)* Eu disse a ele: você tem encanto e nobreza de espírito e uma voz tão suave... Será que avancei demais? A voz dele vibra e acaricia, ainda a sinto em meus ouvidos. Mas, quando lhe falei de uma irmã mais moça, ele não entendeu nada. *(Torcendo as mãos.)* Oh, que desgraça que eu não sou bonita. Que desgraça! Eu sei que sou feia, eu sei, eu sei – eu sei que sou feia! Domingo passado, ao sair da igreja, ouvi uma mulher dizendo: "Ela é boa e generosa – pena que seja tão feia". Feia. Eu sou tão feia.

HELENA – *(Entra.)* A tempestade passou. *(Abre a janela.)* Hum, que ar mais gostoso! *(Pausa.)* Onde está o doutor?

SÔNIA – Já foi. *(Pausa.)*

HELENA – Sônia.

SÔNIA – Que foi?

HELENA – Até quando você pretende fingir que não me vê? Nós não fizemos nada de mal uma pra outra. Por que viver assim como inimigas? Vamos parar com isso?

SÔNIA – Eu também estava querendo... *(Abraça Helena.)* Chega de brigas.

HELENA – Esplêndido! *(As duas estão comovidas.)*

SÔNIA – Papai já foi pra cama?

HELENA – Não, está sentado na sala. Não nos falamos há várias semanas, só Deus sabe por quê... *(Vê uma parte do aparador aberta.)* Que é isso?

SÔNIA – Mikail Lvóvitch comeu alguma coisa.

HELENA – Ainda tem vinho. Bebamos à nossa amizade.

SÔNIA – Que bom!

HELENA – Do mesmo copo... *(Serve.)* É melhor assim. Amigas de verdade, agora?

SÔNIA – Amigas. *(Bebem e se beijam.)* Há tanto tempo eu queria fazer as pazes contigo... mas ficava encabulada. *(Chorando.)*

HELENA – Está chorando por quê?

SÔNIA – Não se incomode. Isso passa.

HELENA – Ora, ora. Vamos! Chega! *(Chora também.)* Pronto, lá vou eu também – que idiota que eu sou. *(Pausa.)* Você não gostava de mim porque sempre achou que casei com teu pai por interesse... Se você acredita em juramentos, bem: juro que me casei com teu pai por amor. Fui deslumbrada pela sua auréola de sábio, pela sua fama. Não era um amor de verdade, tudo artificial, mas pra mim era verdadeiro. Não me sinto culpada. Mas desde o dia em que casei fui punida por esses teus olhos tão vivos e... desconfiados.

Sônia – Mas agora, paz! Paz! Foi tudo esquecido.

Helena – Você não deve olhar as pessoas desse jeito – não te fica bem. Tem que confiar nos outros – ou a vida é impossível. *(Pausa.)*

Sônia – Me diz francamente, como amiga: você é feliz?

Helena – Não.

Sônia – Eu sabia. Outra pergunta. E franqueza, também! Você não gostaria de ter um marido jovem?

Helena – Como você ainda é criança! Claro que sim! *(Ri.)* Anda, pergunta mais. Pergunta!

Sônia – Você gosta do doutor?

Helena – Gosto. Muito.

Sônia – Devo estar com cara de idiota, não é não? Ele já foi embora mas continuo ouvindo a voz dele, os seus passos e, quando olho essa janela escura, vejo o rosto dele refletido nela. Eu quero te contar tudo sobre... Mas não sei falar com voz alta, fico envergonhada. Vem pra meu quarto, vem – conversamos lá. Tá me achando boba, não? Pode dizer! Me fala alguma coisa sobre ele.

Helena – O que é que você quer que eu fale?

Sônia – Ele é tão... inteligente, ele sabe das coisas – ele pode tudo! Cura os doentes, replanta as matas...

Helena – Doentes, matas – isso não é o mais importante, sabe? Você tem que entender é o seu talento. Um talento que pra mim significa coragem, liberdade de espírito, amplitude de visão. Quando ele planta um arbusto, sabe o que resultará disso em mil anos, está pensando no futuro da terra. Homens assim são raros – nós devemos amá-los. Ele bebe, algumas vezes chega a ficar desagradável mas que é que tem isso? Na Rússia um homem de talento não atravessa a vida sem manchas. Pensa um pouco na existência que leva esse doutor! Estradas bloqueadas pela lama, gelo, nevadas, distâncias infinitas, gente primitiva e grosseira, um cordão gigantesco de pobreza e doença. Trabalhando e lutando dia-a-dia nessas condições é quase impossível um homem chegar aos quarenta anos puro e sóbrio. *(Beija Sônia.)* Desejo de todo coração que você seja feliz – você merece. *(Se levanta.)* Quanto a mim, sou apenas uma personagem cansativa e secundária. Na música que estudei, na vida de meu marido, nas minhas relações sentimentais – em tudo e em toda parte eu sou só isso – secundária. Realmente Sônia, não é preciso grande perspicácia pra concluir que sou uma mulher muito infeliz. *(Anda, agitada.)* A felicidade deste mundo não foi feita pra mim. Nunca! Está rindo de quê?

Sônia – *(Ri, cobrindo o rosto.)* Eu estou tão feliz... tão feliz!

Helena – Estou com vontade de tocar piano. Tocar alguma coisa pra...

Sônia – Toca! *(Abraça Helena.)* Não vou conseguir dormir. Toca!

Helena – Só um minuto. Teu pai está acordado e quando está doente qualquer música o irrita. Vai lá e pergunta a ele se podemos tocar um pouco. Se não se importar, eu toco. Vai.

Sônia – Tou indo. *(Sai. Ouvem-se os golpes o vigia noturno dá no jardim, com o cajado.)*

Helena – Há tanto tempo que eu não toco! Vou tocar e chorar... chorar como uma tola. *(Falando através da janela.)* É você que está batendo aí, Iéfim?

Vigia – *(Fora de cena)* Sou eu, sim senhora.

Helena – Não bate mais. O professor não está bem.

Vigia – *(Fora de cena)* Já vou embora. *(Chama os cachorros.)* Aqui, aqui! Vem, Jasmim! Fiu. Fiu. Vem, Centauro! Vamos, rapaz! *(Pausa.)*

Sônia – *(Voltando.)* – Não podemos.

Fim do segundo ato

Terceiro ato

(Salão na casa de Serebriákov. Três portas, à direita, à esquerda e ao centro. Dia claro. Voinítski e Sônia estão sentados. E Helena Andreiévna anda pra lá e pra cá, preocupada.)

Voinítski – *Herr* Professor teve a graça de nos convocar para uma reunião nesta sala, à uma hora. *(Olha o relógio.)* Faltam quinze minutos. Ele deseja fazer uma comunicação ao mundo.

Helena – É pra tratar de negócios, provavelmente.

Voinítski – Ele tem algum negócio? Sua vida é escrever bobagens, resmungar e invejar os outros. Que eu saiba, só isso.

Sônia – *(Reprovação.)* Tio Vânia!

Voinítski – Bom, eu me desculpo. *(Apontando Helena.)* Olha só pra ela! Vai e vem e seu passo vacila de pura preguiça. Maravilha! Maravilha!

Helena – E você passa os dias zumbindo a mesma eterna zombaria. Não se cansa nunca? *(Numa infelicidade morna.)* Estou morrendo de tédio... Não sei o que fazer.

Sônia – *(Levantando os ombros.)* Trabalho não falta. É só querer.

Helena – Fazer o quê?

Sônia – Podia ajudar a cuidar da casa, ensinar as crianças, tratar dos doentes, mil coisas. Olha, antes de você e papai virem morar aqui, tio Vânia e eu, nós mesmos, íamos vender farinha no mercado.

Helena – Eu não sei fazer essas coisas. E isso não me interessa. Só nas novelas sociais é que pessoas como eu ensinam as crianças e tratam dos mujiques. Tinha graça; eu, de repente, virar professora e enfermeira.

Sônia – Bem, eu não compreendo é justamente você não querer isso. Mas deixa o tempo passar, pensa um pouco. Vai acabar se acostumando com a idéia. *(Abraça-a.)* Livre-se do tédio, minha querida! *(Ri.)* Senão você fica rodando por aí como uma alma penada e... o tédio e a ociosidade são contagiosos. Olha só; o tio Vânia também não faz mais nada, sempre atrás de você como uma alma penada, e eu própria largo minhas obrigações mais urgentes pra vir conversar contigo. Estou ficando cada vez mais preguiçosa e não sei como evitar. O doutor, Mikail Lvóvitch, raramente vinha aqui, uma vez por mês, não mais – era preciso suplicar pra que viesse. Agora vem aqui todos os dias, abandonou as matas e os remédios. Você é um feiticeira. É isso!

Voinítski – Por que cultivar o desespero? *(Entusiasmo.)* Minha querida, minha maravilhosa amiga – seja coerente! Nas tuas artérias corre o sangue de uma sereia – você tem que ser sereia! Liberte-se e seja você mesma, uma vez na vida! Caia de quatro de paixão pelo primeiro fauno submarino que lhe aparecer, mergulhe de cabeça no turbilhão de sua própria alma, deixando Herr Professor e todos nós aqui completamente boqui... abridos!

Helena – *(Zangada.)* Me deixa em paz. Isso é uma crueldade! *(Vai sair.)*

Voinítski – *(Evitando que ela saia.)* Vamos, vamos, meu tesouro, me perdoa! Me desculpe... *(Beija a mão dela.)* Paz!

Helena – Até um anjo perderia a paciência com você, bem sabe.

Voinítski – Em sinal de paz e harmonia vou te trazer um buquê de rosas. Preparei pra você hoje de manhã. Rosas de outono, requintadas, primo... rosas, *(Vai saindo de costas.)* dolo... rosas. *(Sai.)*

SÔNIA – *(Repete a frase, a sério.)* Primorosas. Dolorosas. *(Pausa.)* Rosas de outono. *(As duas olham pela janela.)*

HELENA – Já é setembro. Como vamos conseguir viver aqui o inverno todo? *(Pausa.)* Onde está o doutor?

SÔNIA – No quarto do tio Vânia. Escrevendo alguma coisa. Foi bom tio Vânia sair. Queria lhe dizer uma coisa.

HELENA – O quê?

SÔNIA – O quê! *(Põe a cabeça no colo de Andreiévna.)*

HELENA – Vamos, vamos. Fala. *(Alisa os cabelos de Sônia.)*

SÔNIA – Eu sou feia.

HELENA – Você tem uns cabelos lindos.

SÔNIA – Não! *(Se vira pra se ver no espelho.)* Não! Quando uma mulher é feia sempre lhe dizem: "Você tem uns cabelos lindos!", "Você tem uns olhos tão expressivos!" Eu gosto dele há seis anos – eu o amo mais do que amava minha mãe. Ouço a voz dele a todo instante, sinto a mão dele na minha, fico olhando a porta sempre, esperando que ele vá entrar. E – você já percebeu! – te procuro só pra falar nele. Agora ele vem aqui todos os dias, mas nem olha pra mim – acho que nem me vê. Que sofrimento! Não me resta mais nenhuma esperança – nenhuma, nenhuma! *(Desespero.)* Ó, Deus, me dá força! Eu rezo a noite inteira... Às vezes me aproximo dele, falo com ele, olho nos dele... Já não tenho mais orgulho nem forças pra me controlar. Ontem não pude me conter nem com o tio Vânia – confessei a ele que amo Mikail Lvóvitch. Até os criados sabem disso.

HELENA – E ele?

SÔNIA – Nem vê que eu existo.

HELENA – *(Pensativa.)* É um homem estranho. Tenho uma idéia. Deixa eu falar com ele. Vou falar com cuidado – só jogar um verde... Uma insinuação, apenas. *(Pausa.)* Pra que continuar nessa incerteza? Deixa eu falar. *(Sônia concorda com a cabeça.)* Ótimo. Não vai ser difícil saber se ele gosta ou não gosta de você. Não precisa ficar envergonhada, querida, nem preocupada – vou falar de tal jeito que ele nem vai perceber. Tudo que nós queremos dele é um sim ou um não *(Pausa.)* Se for não, ele não deve freqüentar a nossa casa. Não é melhor assim? *(Sônia concorda com a cabeça.)* Teu sofrimento será menor e mais fácil de suportar sem a presença dele. Não vamos adiar mais essa decisão; vou falar com ele agora mesmo. Ontem ele prometeu me mostrar uns mapas. Vai e diz a ele que eu quero falar com ele.

Sônia – *(Muito emocionada.)* Você vai me dizer toda a verdade?

Helena – Claro que sim. Acho que é melhor saber a verdade, seja qual for – nunca é tão terrível quanto a incerteza. Confia em mim, querida.

Sônia – Está bem, está bem. Vou dizer que você quer ver os mapas. *(Vai saindo mas pára junto da porta.)* Não – eu prefiro a incerteza... Com ela ainda há esperança...

Helena – Que é que você disse?

Sônia – Não, nada. *(Sai.)*

Helena – *(Só.)* Não há coisa pior do que conhecer o drama de alguém e não poder fazer nada. *(Reflete.)* Que ele não a ama é evidente – mas por que não pode se casar com ela? Sônia não é bonita, mas daria uma esposa magnífica prum médico provinciano da idade dele. É inteligente e tão boa, tão pura... Não, claro, não é isso o que importa. *(Pausa.)* Como eu entendo essa pobre menina! No meio desta monotonia desesperadora, tendo em volta somente sombras cinza e não seres humano de verdade, ouvindo a vida toda vulgaridades mesquinhas de pessoas que não fazem outra coisa senão comer, beber e dormir só pra tornar a comer e beber, de vez em quando surge essa figura... Tão diferente de todos, bonito, indiferente, atraente... uma lua brilhante eliminando as trevas. Cair sob o fascínio de tal homem, abandonar-se... Eu mesma tenho que admitir que ele me atrai um pouco. Não nego, me aborreço bastante quando não está presente e eis-me aqui, pateta, sorrindo ao pensar nele... Tio Vânia falou em meu sangue de sereia. "Seja você mesma uma vez na vida! Caia de quatro de paixão pelo primeiro..." Quem sabe seja isso mesmo o que eu devo fazer? Voar pra longe, livre como um pássaro, longe daqui, esquecer de vocês, de suas caras sonolentas e conversas sombrias, esquecer que vocês existem ou existiram um dia – todos vocês! *(Pausa.)* Eu sou tímida. Eu sou covarde. Minha consciência ia me atormentar até o fim de meus dias... Agora ele vem sempre aqui. Eu sei por que ele vem; o fim de meus dias... Agora ele vem sempre aqui. Eu sei por que ele vem; e só isso já me faz culpada. Quero cair de joelhos diante de Sônia, lhe pedir perdão e chorar... E chorar.

ÀSTROV – *(Entra com um mapa.)* Bom dia, amiga! *(Aperta-lhe a mão.)* Queria realmente ver a minha bela arte?

HELENA – Você prometeu. Ontem. Tem tempo livre, agora?

ÀSTROV – Claro, como não? *(Estende o mapa numa mesa de papelão, fixa-o com tachinhas.)* Você nasceu onde?

HELENA – *(Ajuda-o com as tachinhas.)* Petersburgo.

ÀSTROV – Estudou onde?

HELENA – Conservatório Nacional de Música.

ÀSTROV – Portanto isso aqui não vai lhe interessar.

HELENA – Ué, por quê? É verdade que eu não conheço o campo, mas li bastante sobre isso.

ÀSTROV – Tenho uma mesa de trabalho nesta casa, não sei se sabe. No quarto de Ivan Petróvitch. Quando não agüento mais de cansado, estou a ponto de ter um colapso, eu largo tudo e fujo pra cá, pra me divertir uma hora ou duas com isso aqui... Ivan Petróvitch e Sônia Alexandróvna ficam fazendo contas junto de mim com aquele barulhinho agradável das bolinhas do ábaco, eu borro meus papéis com as minhas tintas – tudo é aconchegante e calmo: se ouvem até os grilos. Mas eu não posso me dar esse prazer seguidamente – uma vez por mês, se tanto. *(Mostra o mapa.)* Agora olha aqui. Isto é um mapa da nossa região, há cinqüenta anos. O verde-escuro e o verde-claro indicam as matas. Vê? Metade de toda esta área era coberta por florestas. Neste trançado vermelho sobre as áreas verdes havia alces e cabras-selvagens em abundância. Aqui eu mostro a flora e a fauna. Este lago era habitado por cisnes, gansos, patos. Como dizem os camponeses, havia uma imundície de aves por aqui, de todas as espécies, sem fim; paradas pareciam montanhas – voando formavam nuvens. Além das vilas e dos povoados, você vê aqui, dispersos, núcleos menores de habitação, construções isoladas, pequenas fazendas, mosteiros, moinhos d'água. Havia gado bovino em abundância e muitos cavalos, também; está indicado pela cor azul. Está vendo o azul bem mais forte? Indica que aqui havia animais em número muito maior, sobretudo cavalos. Cada camponês tinha em média três cavalos. *(Pausa.)* Agora vê só, aqui em baixo: são os mesmos lugares 25 anos depois, ou seja, há 25 anos. A floresta foi reduzida a um terço do que era! As cabras desapareceram completamente, sobraram apenas alguns alces. As cores verde e azul estão bem mais pálidas. Agora a terceira fase da história, mostrando a região como é hoje. Um pouco de verdade aqui, aqui e aqui, mas sem continuidade – só manchas esparsas. Todas as cabras, cisnes e galos-do-mato desapareceram. Não há nem traço dos pequenos sítios dos mosteiros e moinhos. Um quadro dramático e incontestável da decadência contínua da região. Dentro de dez ou quinze anos essa decadência será irreversível. Você me dirá que isso é a influência irresistível da civilização – que o velho modo de vida teria que ceder espaço a uma vida nova. Está certo e eu concordaria – se, no lugar das florestas derrubadas, houvesse agora estradas e ferrovias... usinas, fábricas, escolas. Nesse caso o povo estaria mais saudável, mais próspero, mais bem-educado. Aconteceu alguma coisa parecida? Nada. Os pântanos e os mosquitos, estes, sim, foram conservados. Continuamos sem estradas, vivendo na mesma miséria, convivendo com o tifo, a disenteria e os incêndios. Vivemos num quadro de dolorosa decadência resultante de uma luta sobre-humana pela subsistência – decadência causada pela ignorância, pela apatia, pela mais absoluta irresponsabilidade. Como quando um homem doente, faminto e consumido de frio procura salvar a sua vida miserável e proteger os filhos, agarrando instintivamente qualquer coisa que possa esquentá-lo ou lhe diminuir a fome. Claro, um homem nessas condições não tem por que pensar no dia de amanhã e se torna um inimigo da natureza que o cerca. Praticamente tudo aqui já foi destruído e nada foi criado em troca. *(Friamente.)* Pela sua expressão, vejo que isso não lhe interessa.

Helena – É que eu entendo tão pouco disso tudo.

Àstrov – Não é uma questão de entender; você não está é interessada.

Helena – Para ser franca, estava pensando em outra coisa. Perdão. Eu queria lhe fazer um pequeno interrogatório e estou encabulada, não sei como começar.

Àstrov – Um interrogatório?

Helena – Estou brincando; é só uma pergunta. E bem inocente. Vamos sentar? *(Sentam.)* Quero lhe falar de uma certa moça que... Podemos falar francamente, como amigos, sem rodeios? Abrimos o coração e depois nos esquecemos de tudo que falamos, combinado?

Àstrov – Combinado.

Helena – A coisa diz respeito à minha enteada, Sônia. Me diga – você gosta dela?

Àstrov – Claro, gosto muito dela.

Helena – Como mulher?

Àstrov – *(Ligeira pausa.)* Não.

Helena – Só outra pergunta: você não notou nada?

Àstrov – Não, nada.

Helena – *(Pega a mão dele.)* Você não a ama – vejo nos seus olhos. E Sônia sofre. Compreenda... e não volte mais aqui.

Àstrov – *(Se levanta.)* Esgotou-se o meu tempo. Muito bem – eu tenho mais o que fazer. *(Dá de ombros.)* Já não tenho tempo pra essas coisas. *(Está embaraçado.)*

Helena – É – uma conversa bem desagradável! Estou cansada como se tivesse carregado um fardo de dez toneladas. Graças a Deus, acabou. Vamos esquecer tudo – nossa conversa nunca existiu e... vá embora. Você é um homem inteligente, compreenderá que... *(Pausa.)* Sinto o rosto ardendo. Acho que estou ruborizada.

Àstrov – Se você tivesse me falado disso há um mês ou dois eu poderia até ter hesitado, mas agora... *(Levanta os ombros.)* Se ela sofre, porém. Só há uma coisa que positivamente não entendo: por que você fez esse interrogatório? *(Olha-a nos olhos e sacode o dedo na frente dela.)* Que mulher esperta!

Helena – O que é que você quer dizer com isso?

Àstrov – *(Rindo.)* O que eu disse. Esperta! Vamos aceitar que Sônia sofre, como você disse. Estou inclinado a achar que isso é verdade. Ainda assim, qual é o objetivo das suas perguntas? *(Impede que ela fale e continua, com vivacidade.)* Por favor, não me faça esse ar surpreendido. Você sabe muito bem por que eu venho aqui todos os dias. Sabe por que e por quem... sabe muitíssimo bem. Você, minha deliciosa ave de rapina, não me olhe assim, dessa maneira: eu sou um pardal velho!

Helena – *(Atônita)* Ave de rapina?

Àstrov – Você é sedosa, sua penugem é macia, linda... e você necessita de vítimas. Há um mês que não faço absolutamente nada. Abandonei tudo, só faço procurá-la com a ânsia de um faminto e... e isso te agrada muitíssimo. Terrivelmente. Eu tenho mais alguma coisa a dizer? Não tenho. Fui conquistado, vencido. Mas você não precisava do interrogatório pra saber disso. *(Cruza os braços e baixa a cabeça.)* Eu me entrego! Devora-me!

Helena – Você está completamente louco.

Àstrov – *(Riso sardônico.)* E você é tão tímida.

Helena – Oh, eu não sou tão má – não sou tão vil quanto você pensa. Lhe dou minha palavra de honra. *(Tenta sair.)*

Àstrov – *(Impedindo a saída dela.)* Eu vou embora hoje e nunca mais volto aqui, mas... *(Segura a mão dela e olha em volta.)* me diga; onde poderei vê-la? Diga depressa – onde? Pode chegar alguém – diga depressa. *(Com paixão.)* Não há nada mais maravilhoso do que você – você é gloriosa! Um beijo... Deixa apenas eu mergulhar meus lábios, beijar esses teus cabelos perfumados.

Helena – Eu lhe juro...

Àstrov – *(Impede que ela fale.)* Não precisa jurar nada! Não há necessidade disso! Palavras inúteis. Oh, como você é bonita! Que mãos admiráveis! *(Beija-lhe as mãos.)*

Helena – Chega! É demais!... Vai embora! *(Solta as mãos.)* Você perdeu a cabeça.

Àstrov – Está bem, mas fala: onde vamos nos encontrar amanhã? *(Pega-a pela cintura.)* Você vê, é inevitável – nós temos que nos encontrar. *(Beija-a. Voinítski entra com um buquê de rosas e pára na soleira da porta.)*

Helena – *(Não vê Voinítski.)* Tem piedade de mim... Me deixa. *(Encosta a cabeça no peito de Àstrov.)* Não! *(Tenta ir embora.)*

Ástrov – *(Segura-a pela cintura.)* Amanhã... na casa do parque florestal... às duas horas... Eu te espero. Sim! Diz que sim! Você vem!

Helena – *(Vendo Voinítski.)* Me larga! *(Em completa perturbação, se dirige à janela.)* Coisa mais insistente!

Voinítski – *(Coloca o buquê numa cadeira. Confuso, seca o pescoço e o rosto com um lenço.)* Não foi nada não... Não... acho que não vi nada.

Ástrov – Até que o tempo não está mau hoje, meu caro Ivan Petróvitch. Amanheceu sombrio, parecia que ia chover e, de repente, veio esse sol enorme. Temos que admitir que foi um lindo outono e a colheita de inverno promete ser esplêndida. *(Enrola o mapa)* Só tem uma coisa – os dias já estão encurtando. *(Sai.)*

Helena – *(Aproxima-se rapidamente de Voinítski.)* Você vai tentar, quer dizer, você vai fazer tudo que for possível pra que eu e meu marido partamos daqui hoje mesmo. Ouviu bem? Você faz? Hoje mesmo?

Voinítski – *(Enxuga o rosto.)* O quê? Ah, sim!... Está bem mas... *(Pausa.)* Eu vi tudo, Helena, eu vi tudo...

Helena – *(Corta, nervosa.)* Hoje mesmo! Você me ouviu? Quero ir embora daqui hoje mesmo! *(Entram Teléguine, Sônia, Serebriákov e Marina.)*

Teléguine – Eu também não estou me sentindo muito bem, excelência. Há dois dias que estou assim, muito mal. É a cabeça, alguma coisa na cabeça.

Serebriákov – Mas onde é que estão os outros? Eu não gosto desta casa. Parece um labirinto – 26 quartos gigantescos, as pessoas dispersas em todas as direções, nunca se sabe onde encontrar ninguém. *(Toca a campainha.)* Digam a Maria Vassiliévna e Helena Andreiévna que venham aqui.

Helena – Eu estou aqui.

Serebriákov – Sentem-se, meus amigos, por favor.

Sônia – *(Aproxima-se de Helena, impaciente.)* O que ele disse?

Helena – Depois eu te conto.

Sônia – Você está tremendo? Que foi? *(Olha de maneira perscrutadora.)* Eu compreendo... Ele disse que não vem mais aqui. *(Pausa.)* É isso, não é? *(Helena concorda com a cabeça.)*

Serebriákov – *(Para Teléguine.)* Eu acho que até à doença eu consigo me adaptar. O que meu estômago não agüenta mesmo é a vida do campo. É como se eu tivesse sido exilado para outro planeta. Senhores e senhoras, queiram sentar-se, por favor. Sônia! *(Sônia não ouve. Continua em pé, a cabeça baixa, triste.)* Sônia! *(Pausa.)* Ela não ouve. *(Para Marina.)* Você também, senta aí. *(Marina senta e começa a tricotar.)* Meus amigos, como dizia o outro, emprestem-me ouvidos. *(Ri.)*

Voinítski – *(Nervoso.)* O senhor poderia dispensar a minha presença, por favor? Eu preciso sair.

Serebriákov – Não, a tua presença é a mais importante aqui.

Voinítski – Não entendo – o que é que o senhor deseja de mim?

Serebriákov – Senhor... Por que esse tratamento? Está aborrecido com alguma coisa? *(Uma pausa.)* Se de qualquer modo o ofendi peço-lhe desculpas.

Voinítski – Pára com esse tom. Vamos ao que interessa. O que é que você quer? *(Entra Maria Vassiliévna.)*

Serebriákov – Ah, a "mamãe" chegou. Posso começar. *(Pausa.)* "Senhores, eu os chamei para lhes dar uma péssima notícia; vai chegar aqui um inspetor-geral." *(Pausa. Espera.)* Bom, já que ninguém riu, não citarei mais Gogol.

Vamos ao nosso assunto, que é muito sério. Eu os reuni aqui para solicitar conselho e auxílio e, conhecendo a generosidade de todos, sei que não se recusarão a colaborar. Sou um homem de formação acadêmica, um letrado, quer dizer, traça de livros, nunca tive contacto algum com a vida prática. Por isso não posso dispensar a orientação de pessoas mais capacitadas do que eu, por exemplo, você, Ivan Petróvitch, e você, Iliá Ilítch, e a senhora também, "mamãe"... Não há que escapar. *Manet omnes una nox* – somos todos mortais. Sou um homem velho e doente e acho que já é mais do que tempo de colocar em ordem a situação desta propriedade, para tranqüilidade geral de toda a família. A minha própria vida já não conta, é claro, estou no fim, já não penso em mim mesmo. Mas minha esposa é jovem e tenho uma filha solteira. *(Uma pausa.)* Para mim é impossível continuar a viver no campo. Não fomos feitos para a vida do campo. Por outro lado também é impossível viver na cidade com a renda que extraímos desta propriedade. Suponhamos, por exemplo, que vendêssemos a floresta. Uma medida excepcional. Que não poderia ser repetida todos os anos. Portanto temos que pensar num plano que nos garanta uma renda permanente, e mais ou menos definitiva. Ocorreu-me uma primeira solução que gostaria humildemente de submeter à apreciação de todos. Omitirei os detalhes, indo direto ao essencial. A idéia geral. Nossa propriedade nos rende, em média, não mais do que dois por cento anuais do seu valor venal. Minha proposta é vendê-la. Se aplicarmos o dinheiro em títulos de renda fixa nosso ingresso anual passará para quatro ou cinco por cento. E penso que obteremos isso mesmo tirando do total alguns milhares de rublos para comprar uma pequena propriedade na Finlândia.

VOINÍTSKI – Um momentinho... Tenho a impressão de que ouvi mal. Quer repetir, por favor?

SEREBRIÁKOV – Sugeri aplicarmos o dinheiro em ações, títulos de renda e, do resultado, tirar uma pequena parte para compra de uma vila na Finlândia.

VOINÍTSKI – A Finlândia me parece bem. Mas você falou outra coisa antes.

SEREBRIÁKOV – Propus vender esta propriedade.

VOINÍTSKI – Então está certo. Foi isso mesmo que ouvi. Você vende a propriedade – é uma bela idéia. Uma idéia, digamos... rica. E pra onde é que você sugere que eu vá com esta minha velha mãe aqui e minha jovem sobrinha ali?

SEREBRIÁKOV – Discutiremos isso no momento propício. Não se pode resolver tudo ao mesmo tempo.

VOINÍTSKI – Um momentinho só. De repente tenho a impressão de que em toda minha vida até aqui eu fui de uma estupidez sem limites. Estupidez tal que fez com que eu sempre acreditasse que esta propriedade pertencia à Sônia. Vejam só! Que bestunto o meu! Meu pai comprou isto aqui como dote de casamento para minha irmã, mulher dele! Com a morte de minha irmã, eu pensei ingenuamente que a propriedade passasse a pertencer a Sônia, filha dela, e não *(Aponta.)* ao marido. Deve ser porque não sei interpretar as leis como um turco.

SEREBRIÁKOV – Claro que isto aqui pertence à Sônia. Ninguém afirma o contrário. Sem o consentimento dela, nada feito. Mesmo porque só estou pensando é na segurança de Sônia.

VOINÍTSKI – Mas é inconcebível! In-con-ce-bí-vel! Ou eu destrambelhei de vez, ou... ou...

MARIA VASSILIÉVNA – Jean, por favor, não contradiga Alexandre. Confia nele – ele sabe melhor do que nós todos o que é bom e o que é mau pra nós.

VOINÍTSKI – Não! Me dê um copo d'água. *(Bebe água.)* Bom! Vai. Diz o que quiser.

Serebriákov – Não compreendo por que você ficou tão transtornado. Não estou afirmando que o meu plano é ideal. Se todos acharem que não é exeqüível, não pretendo insistir. *(Pausa.)*

Teléguine – *(Confuso.)* Com respeito à cultura, excelência, eu tenho não é uma verdadeira veneração mas também, digamos, um parentesco com ela. O irmão da mulher de meu irmão, Grigori Konstantin Erofimóvitch Lakedémonov – o senhor deve ter conhecido – era bacharel e...

Voinítski – Espera aí, Bexiga, estamos tratando de negócios. Depois você fala de cultura. Cultura tem tempo. *(Para Serebriákov.)* Se quiser, pergunta a ele. A propriedade foi comprada do tio dele.

Serebriákov – Mas tinha graça! Não tenho nada que perguntar a ele! Não sei aonde você quer chegar!

Voinítski – Esta propriedade foi comprada há... há muitos anos! Por 95 mil rublos. Meu pai pagou apenas setenta mil à vista e ficou devendo 25 mil. Uma hipoteca. Agora, escuta bem... A propriedade jamais poderia ter sido comprada se eu não renunciasse à minha parte da herança em favor da minha irmã, que eu amava profundamente. Além disso durante dez anos trabalhei como um escravo pra pagar todo o resto da dívida.

Serebriákov – Lamento ter levantado essa questão.

Voinítski – Se esta propriedade não está mais hipotecada, não tem qualquer ônus e se encontra em bom estado é devido unicamente a meu esforço pessoal. E agora que estou velho querem me chutar daqui como um cachorro!

Serebriákov – Repito: não compreendo onde você quer chegar!

Voinítski – Durante 25 anos eu administrei esta fazenda! Trabalhei esse tempo todo e lhe mandei dinheiro como o mais consciencioso dos administradores não faria: em todo esse tempo você nunca me disse nem um "Muito obrigado!" Nesse tempo todo! – desde que eu era rapaz até agora – você me pagou um salário anual de quinhentos rublos. Uma miséria à qual você nunca pensou em adicionar um rublo sequer!

SEREBRIÁKOV – Mas como é que eu ia saber, Ivan Petróvitch? Eu não sou um homem prático, não entendo nada dessas coisas. Você mesmo podia ter-se aumentado o que bem entendesse.

VOINÍTSKI – Puxa, é mesmo, eu nem pensei! Por que é que eu não roubei? Não é mesmo? Não só não roubei como você ainda me despreza por eu não ter feito isso. Teria sido um ato justo e eu não seria hoje um pária esmolambado e desprezível.

MARIA – *(Em tom severo.)* Jean!

TELÉGUINE – *(Nervoso.)* Vânia, meu amigo, pára com isso, por favor... Eu estou até trêmulo, olha... Por que estragar as nossas relações? *(Abraça-o.)* Você não deve...

VOINÍTSKI – Durante 25 anos eu me enterrei aqui com minha mãe, entre quatro paredes, vivendo como uma toupeira... Todos os nossos sentimentos pertenciam a você. Todos os dias falávamos de você e do seu trabalho; tínhamos orgulho de você, pronunciávamos seu nome com veneração. Perdíamos as noites lendo livros e revistas que hoje olho até com nojo.

TELÉGUINE – Não faz isso, Vânia, por favor! Eu não agüento mais!

SEREBRIÁKOV – *(Com raiva.)* Eu não o compreendo! O que é que você está querendo?

VOINÍTSKI – Pra nós você era um ser excepcional, de uma escala superior da criação; sabíamos os seus artigos de cor. Mas agora os meus olhos se abriram. E eu vejo tudo! Você escreve sobre arte e não entende absolutamente nada de arte! Todos os teus trabalhos, os trabalhos que eu amava, não valem um rublo furado! Você nos enganou a todos!

SEREBRIÁKOV – Senhores. Façam com que ele se cale! Ou eu me retiro!

HELENA – Ivan Petróvitch, eu exijo que você se cale, está me ouvindo?

VOINÍTSKI – Agora eu me recuso ao silêncio! *(Impede que Serebriákov saia.)* Espera – eu ainda não terminei! Você arruinou a minha vida! Eu não vivi. Eu não vivi! Por tua culpa eu desperdicei, aniquilei os melhores anos da minha vida! Você é o meu pior inimigo!

TELÉGUINE – Não posso mais... Eu não agüento não... Me deixem sair... *(Sai, completamente fora de si.)*

SEREBRIÁKOV – O que é que você quer de mim? Quem lhe deu o direito de me falar assim? Uma nulidade como você! Se a fazenda é tua, fica com ela! Eu não preciso disso!

HELENA – Vou embora deste inferno agora mesmo! *(Grita.)* Eu não suporto mais isso aqui!

VOINÍTSKI – Minha vida foi arruinada! Eu tenho talento, coragem, inteligência. Se houvesse vivido normalmente poderia ter sido um Schopenhauer, um Dostoiévski!... Ai, só estou falando porcaria! Estou ficando louco! Mamãe, eu estou desesperado! Mamãe!

MARIA – *(Severa.)* Obedece ao Alexandre!

SÔNIA – *(Ajoelha diante de Marina e se abraça com ela.)* Mãezinha! Mãezinha!

VOINÍTSKI – Minha mãe! O que é que eu vou fazer? Não, não precisa dizer! Eu sei o que devo fazer! *(Pra Serebriákov.)* Você nunca vai me esquecer! *(Sai pela porta do centro. Maria Vassiliévna o segue.)*

SEREBRIÁKOV – Mas, enfim, o que é que ele pretende com esse comportamento? Eu não quero mais esse maluco perto de mim. Não admito mais viver debaixo do mesmo teto. Ele vive aí *(Aponta a porta do meio.)* no quarto pegado ao meu. Ou ele vai morar na aldeia, ou lá fora, no pavilhão, ou quem sai daqui sou eu. Na mesma casa em que ele eu não fico.

HELENA – *(Para o marido.)* Vamos sair daqui hoje mesmo... Vou providenciar tudo imediatamente.

SEREBRIÁKOV – Que ser mais desprezível!

SÔNIA – *(Ainda de joelhos, se volta pro pai. Fala, nervosa, com lágrimas nos olhos.)* O senhor tem que ter pena, papai. Tio Vânia e eu somos muito infelizes. *(Contendo o desespero.)* Tem dó, meu pai. Não esqueça que quando o senhor era mais jovem, tio Vânia e eu passávamos noites inteiras traduzindo livros pro senhor, copiando os seus papéis... noites e noites sem fim! Tio Vânia e eu trabalhávamos sem nenhum descanso, tínhamos medo de gastar com nós mesmos um copeque que fosse. Mandávamos pro senhor tudo, absolutamente tudo... Tudo. Tudo. Nós realmente podemos dizer que ganhamos o nosso pão. Eu estou falando tudo errado, eu sei que estou – tudo errado! Mas o senhor tem que nos compreender, papai! Tem que ter misericórdia!

HELENA – *(Comovida, pro marido.)* Alexandre, por Deus do céu, vai falar com ele, ter uma explicação... Eu te imploro!

SEREBRIÁKOV – Está muito bem, eu vou me entender com ele. Eu não o estou acusando de nada, nem tenho raiva dele. Mas você há de convir que o seu comportamento é muito estranho; pra dizer o mínimo. Ainda assim: eu vou lá conversar. *(Sai pela porta do centro.)*

HELENA – Seja o mais delicado que você puder, por favor. Tem calma com ele. *(Segue o marido.)*

SÔNIA – *(Abraçada a Marina.)* Mãezinha! Minha boa mãezinha!

Marina – Não se assuste não, filhinha, não é nada. Os galos cacarejam um pouco, dão umas bicadas uns nos outros e aí param... E aí param, eles se cansam...

Sônia – Mãezinha!

Marina – *(Acaricia os cabelos dela.)* Você treme como se estivesse no gelo. Vamos, vamos, minha órfãzinha, Deus é grande e misericordioso. Vou lhe fazer um chá de tília ou um caldo de morango quente... Não se preocupe não, minha filhinha. *(Olha pra porta do meio, ouvindo o barulho de briga que vem de lá, preocupada.)* Os galos estão furiosos mesmo. Vão acabar se machucando. *(Tiro fora de cena. Grito de Helena. Sônia estremece.)* Deus do céu – eu não disse?

Serebriákov – *(Entra correndo, cambaleando, aterrorizado.)* Segurem ele! Segurem ele! Ficou maluco!

Helena – *(Aparece lutando com Voinítski na porta. Está tentando tomar o revólver dele.)* Me dá isso! Me dá isso, estou mandando!

Voinítski – Me solta, Helena! Me solta! *(Se liberta e entra correndo, procurando por Serebriákov.)* Onde está ele? Ah, está aí! *(Dispara.)* Pum! *(Pausa.)* Errei? Errei de novo? *(Furioso.)* Revólver desgraçado! Vai pro diabo! *(Atira o revólver no chão e afunda numa cadeira, exausto. Serebriákov olha, aparvalhado. Helena encosta-se na parede, quase desmaiando.)*

Helena – Me levem daqui, me levem pra bem longe daqui. Me matem... mas aqui eu não fico mais... eu não posso mais.

Voinítski – *(Desespero.)* Ai, que é que eu fiz, o que é que eu estou fazendo?

Sônia – *(Bem baixo.)* Mamãezinha, querida. Mamãezinha!

Fim do terceiro ato

Quarto ato

(Quarto de Voinítski, também escritório. Junto à janela uma mesa grande com livros de contabilidade e papéis; um secretário, estantes e uma balança. Uma mesa menor foi colocada no quarto para Àstrov. Em cima dela pinturas, material de desenho e um portfólio. Gaiola com um passarinho. Na parede um mapa da África, evidentemente sem nenhuma utilidade ou intenção. Um grande sofá coberto por um impermeável qualquer. À esquerda uma porta que dá pra outros quartos; à direita outra porta que dá para o hall. Em frente à porta da direita um capacho para proteger o chão da lama das botas dos camponeses. Fim de uma tarde de outono cheia de tranqüilidade. Teléguine e Marina estão sentado um na frente do outro, enrolando um novelo de lã.)

Teléguine – Depressa, Marina Timofiévna. Já vão nos chamar para as despedidas. Já mandaram trazer os cavalos.

Marina – *(Apressando o trabalho.)* Falta pouco.

Teléguine – Estão indo para Karkov. Vão morar lá.

Marina – Vai ser melhor assim.

Teléguine – Eles levaram um susto. Helena Andreiévna repetiu mil vezes: "Eu não fico aqui nem mais uma hora... Vamos embora... Vamos embora..." "Quando tivermos vivido algum tempo em Karkov", disse ela, "respirando um pouco, aí mandamos buscar as nossas coisas." Vão viajar quase sem nada. Parece que o destino deles não era mesmo morar aqui, Marina Timofiévna. Não era não. Não se pode contrariar a divina providência.

Marina – É melhor assim. O rolo que eles fizeram hoje de manhã, a gritaria, tiros – uma vergonha!

Teléguine – Uma vergonha! Uma cena digna do pincel de Aivazovski.

Marina – Pensei que meus olhos cansados nunca mais veriam uma cena dessas. *(Uma pausa.)* Vamos voltar a viver como sempre vivemos; chá da manhã logo depois das sete, almoço ao meio-dia, jantar assim que anoitecer, tudo como sempre foi... como todo mundo faz, todo bom cristão. *(Um suspiro.)* Há tanto tempo que eu não tomo uma sopinha de aletria, que pecado!

Teléguine – É mesmo, há um século que não se toma sopa de aletria nesta casa. *(Pausa.)* Há mais de um século... Que saber de uma coisa, Marina Timofiévna? Hoje de manhã eu fui na aldeia e, quando ia passando pelo taverneiro, ele me gritou: "Como é, continua comendo na casa dos outros, velho parasita?" Sabe que isso me doeu? Fiquei humilhado.

Marina – Não liga pra isso, paizinho. Nós somos todos parasitas de Deus. Mas você, Sônia e Ivan Petróvitch, nós temos uma coisa – nenhum de nós vive de braços cruzados, nós todos trabalhamos. Todos. Onde é que está Sônia?

Teléguine – No jardim. Ela e o doutor estão rodando por aí, procurando Ivan Petróvitch. Estão com medo de que ele faça alguma asneira.

Marina – E o revólver, onde está?

Teléguine – *(Baixinho.)* No porão.

Marina – *(Com um sorriso.)* Que trapalhada!

Voinítski – *(Entra, junto com Àstrov.)* Me deixa em paz, sim? *(Para Marina e Teléguine.)* Por favor, saiam daqui, eu quero ficar sozinho pelo menos uma hora. Não suporto mais essa vigilância toda!

Teléguine – Calma, Vânia, já estou saindo. *(Sai na ponta dos pés.)*

MARINA – O galo velho está zangado – cró-cró-cró... gá-gá-gá... *(Pega a lã e sai.)*

VOINÍTSKI – E você? Você também!

ÁSTROV – Terei o máximo prazer em te deixar sozinho! Eu já devia ter ido embora há muito tempo. Mas repito que não saio daqui até que você mesmo me devolva o que me roubou.

VÂNIA – Eu não roubei nada.

ÁSTROV – Eu estou falando sério – estou atrasado, tenho que ir embora. Me dá o que você me tirou.

VOINÍTSKI – Eu não tirei... *(Diz alguma coisa que não se ouve.)*... nenhuma! *(Sentam os dois.)*

ÁSTROV – Não tirou? Vou esperar um pouco mais então. E aí, caso o amigo não se decida, lamento muito, mas terei que usar a força. Vamos amarrá-lo e revistá-lo. E te aviso que em absoluto não estou brincando.

VOINÍTSKI – O que vossa senhoria quiser. *(Pausa.)* Que supremo idiota que eu sou – atirar duas vezes e errar duas vezes! Jamais vou me perdoar por isso.

ÁSTROV – Se pra você era tão importante acertar o tiro devia ter apontado pra própria cabeça. E resolvia o problema de todo.

VOINÍTSKI – *(Ergue os ombros.)* Muito bizarro. Bizarríssimo. Acabo de praticar uma bela tentativa de homicídio e ninguém me prende. Nem pensam em me entregar à justiça. Bizarro. Só pode ser porque me consideram louco. *(Riso raivoso.)* É, sou louco... Agora, o tipo que põe a máscara de professor, de detentor dos mistérios da sabedoria e com isso oculta sua total falta de talento, a sua aridez intelectual e completa insensibilidade moral – esse não é louco. Como também não é louca, claro, a pessoa que se casa com um velho e o engana na cara de todo mundo... Eu vi! *(Pausa.)*

Eu vi quando você a abraçou. *(Pausa.)* Eu vi quando você a beijou.

ÀSTROV – Pois se viu, fica visto – eu vi que você vive e isso só aumentou a sua expressão de idiota. E olha; pra você! *(Faz um gesto indecente.)*

VOINÍTSKI – *(Olhando pra porta.)* Deve estar mesmo perdido um mundo que suporta o comportamento de vocês.

ÀSTROV – Fora de brincadeira – você agora só diz mesmo idiotices.

VOINÍTSKI – E o que você esperava? Se sou um anormal e um irresponsável, estou sendo apenas coerente.

ÀSTROV – Esse golpe não pega mais. Eu não disse nem acho que você seja anormal. Um velho idiota e ridículo. Antes eu achava que todo idiota era um doente ou anormal. Mas hoje acho que o anormal é ser idiota. Você é perfeitamente normal.

VOINÍTSKI – *(Cobre o rosto com as mãos.)* Que vergonha! Se soubesse como estou envergonhado! Esse sentimento profundo de vergonha é maior do que qualquer outro sofrimento! *(Desgraçado.)* Uma coisa insuportável! *(Se curva sobre a mesa.)* O que é que eu vou fazer? O que é que eu vou fazer?

ÀSTROV – Nada.

ÀSTROV – Me dá alguma coisa! Oh, meu Deus! Se eu viver até os sessenta ainda tenho que enfrentar mais treze anos. É muito tempo! Como é que vou atravessar mais treze anos? Como é que vou encher esse tempo todo? Oh, você não vê... *(Aperta a mão de Àstrov convulsivamente.)* Você me entende, Mikail Livóvtch? Se pudéssemos viver o resto da vida de uma maneira inteiramente nova! Acordar numa nova manhã, clara e tranqüila e sentir que se recomeça de outro princípio, que todo o passado foi esquecido... uma nuvem desfeita. *(Chora.)* Começar uma outra vida... Me diz como começar... Com quê?... Por onde?

Àstrov – *(Com desagrado.)* Oh, pára com essa besteira! Que vida nova o quê? A nossa situação, a tua e a minha, não tem mais remédio. Estamos liquidados.

Voinítski – Você acha?

Àstrov – Absoluta certeza.

Voinítski – Me dá alguma coisa... *(Aponta o coração.)* Está me queimando aqui.

Àstrov – *(Grita com raiva.)* Pára com isso! *(Mais calmo.)* Os que vierem daqui a cem ou duzentos anos encontrarão algum modo de serem felizes e vão nos desprezar por termos vivido de maneira tão sem graça e tão estúpida. Nós... Pra nós, você e eu, só resta uma esperança: a de que a morte traga sonhos e que pelo menos na tumba nossos sonhos sejam bons. *(Suspiro.)* É, meu velho! Em toda esta província só existiram duas pessoas cultas e honradas: você e eu. Mas dez anos desta sórdida rotina, desta desprezível vida provinciana, nos engoliu aos dois, envenenou nossos sangue com suas pútridas emanações, até nos transformarmos na grandeza do que somos hoje; dois cínicos tão vulgares quanto todos os outros. *(Em tom mais forte.)* Mas não pense que está me levando na conversa – devolve o que você me tirou.

Voinítski – Eu não te tirei nada.

Àstrov – Você tirou uma ampola de morfina da minha maleta. *(Pausa.)* Olha aqui uma coisa; se você quer mesmo acabar com a carcaça por que não vai pra floresta e mete uma bala no crânio? Mas devolve a minha morfina pois isso vai causar suspeitas, falatório e interrogatório. Vão pensar, claro, que fui eu que te dei. Pra mim já chega ter que fazer a tua autópsia. Ou acha que vai me dar prazer abrir tua barriga? *(Entra Sônia.)*

Voinítski – Me deixa.

Àstrov – *(Para Sônia.)* Sofia Alexandróvna, teu tio roubou uma ampola de morfina da minha maleta e não quer devolver. Diz a ele... bem... que isso não é uma atitude sensata. Além do quê, não tenho tempo a perder. Preciso ir embora.

Sônia – Tio Vânia, o senhor pegou a morfina? *(Pausa.)*

Àstrov – Claro que pegou. Estou dizendo!

Sônia – Devolve, tio! Por que nos assustar dessa maneira? *(Terna.)* Entrega, meu tio! Eu não sou menos infeliz do que o senhor e, vê?, não desespero! Eu agüento tudo, e vou continuar agüentando até o fim, até que minha vida acabe por si mesma... Você também tem que agüentar. *(Pausa.)* Me dá a morfina, tio Vânia! *(Beija a mão dele.)* Meu bom, meu amado tio – me dá isso, dá? *(Chora.)* O senhor é tão bom, sei que vai ter pena de nós, vai devolver, não vai? O senhor tem que suportar, titio! O senhor tem!

Voinítski – *(Abre uma gaveta e dá a ampola de morfina a Àstrov.)* Toma! *(Pra Sônia.)* Mas temos que começar a trabalhar logo, temos que começar a fazer alguma coisa logo, senão eu não... eu não...

Sônia – Claro, vamos trabalhar. Assim que eles forem embora nós começamos. *(Nervosa, mexendo nos papéis na mesa.)* Tudo está abandonado...

Àstrov – *(Põe a ampola na maleta e ajusta as correias.)* Bom, acabou. E agora, a caminho!

Helena – *(Entrando.)* Você está aí, Ivan Petróvitch? Nós já vamos. Vai ver Alexandre – ele quer se despedir de você.

Sônia – Vai, tio Vânia. *(Pega Voinítski pelo braço.)* Vamos. Você e papai têm que fazer as pazes. É fundamental. *(Os dois saem.)*

Helena – Eu parto. *(Estende a mão para Àstrov.)*

Àstrov – Já?

HELENA – Os cavalos esperam.

ÀSTROV – Adeus.

HELENA – Você me prometeu que também ia embora.

ÀSTROV – Foi.

HELENA – Hoje.

ÀSTROV – Não esqueci. Estou indo. *(Pausa.)* Ficou assustada? *(Pega a mão dela.)* É tão assustador assim?

HELENA – Sim.

ÀSTROV – E se você ficasse?... Que tal? Amanhã, na casa da floresta...

HELENA – Não... Está tudo decidido... Se eu olho você assim sem medo é porque minha partida já está decidida... Só lhe peço uma coisa; não pense muito mal de mim. Gostaria que você conservasse respeito por mim.

ÀSTROV – Ih! *(Um gesto de impaciência.)* Fique, estou pedindo. Você tem que admitir que não tem coisa alguma a fazer no mundo, absolutamente nenhum objetivo na vida, nada com que ocupar seu tempo. De modo que, mais cedo ou mais tarde, vai ceder ao impulso dos seus sentimentos – é inevitável. Então é melhor que isso não aconteça em Karkov nem num subúrbio de Kiev, mas aqui, no seio da natureza. Pelo menos será mais poético. O outono está lindo e o lugar é ideal; uma mata admirável e casas de campo arruinadas pelo tempo – uma paisagem digna de Turguêniev.

HELENA – Você é muito divertido... Estou muito aborrecida com você, e no entanto... Vou pensar em você com prazer. É um homem interessante, original... Jamais vamos nos ver de novo – então, por que esconder: fiquei muito atraída por você. E agora – um aperto de mão, como bons amigos. Não pense mal de mim.

ÀSTROV – *(Aperta a mão dela.)* É, vai embora... *(Sonhando.)* Você parece boa e cheia de ternura e, no entanto, há alguma coisa de estranho na sua personalidade. Assim que chegou aqui com seu marido, todos nós, que estávamos trabalhando, que nos agitávamos tentando criar alguma coisa, imediatamente sentimo-nos obrigados a largar tudo pra nos ocuparmos apenas de você e da maldita gota do seu marido. Imediatamente vocês dois nos infeccionaram com o veneno da indolência. Fortemente atraído por você não faço coisa alguma há mais de um mês, não me preocupando com os doentes e suas doenças nem com os camponeses. Que se aproveitaram da minha ausência pra transformar em pasto as minhas ricas plantações. Vê só? Onde vocês dois chegam, você e seu marido, chegam trazendo a destruição. Estou brincando, claro, mas... que é estranho é. Estou convencido de que se vocês permanecessem aqui seria uma catástrofe. Eu na certa sairia arruinado, mas você também não sairia ilesa. Portanto... vai embora. *Finita la commedia.*

HELENA – *(Pega um lápis na mesa e coloca-o no bolso, rápido.)* Vou levar como lembrança.

ÀSTROV – Não é estranhamente estranho? Você e eu nos conhecemos, nos aproximamos e logo, por qualquer razão... ou nenhuma... nunca mais nos veremos. É tudo assim, no mundo. Já que estamos sós aqui, antes que o tio Vânia apareça com outro buquê de flores, deixe que eu lhe dê... de despedida... um beijo. *(Pausa.)* Dá? *(Beija-a no rosto.)* Viu? Não doeu nada.

HELENA – Lhe desejo toda a felicidade. *(Olha em volta.)* Ah, bom, seja o que for... Por uma vez na vida! *(Se joga nos braços dele impulsivamente, se abraçam e logo se separam.)* Tenho que ir.

ÀSTROV – Vai logo. Não deixe os cavalos esperando.

HELENA – Vem gente aí *(Escutam.)*

ÀSTROV – *Finita!*

(Entram Serebriákov, Voinítski, Maria Vassilévina com um livro, Teléguine e Sônia.)

SEREBRIÁKOV – Que os mortos enterrem seus mortos. Está tudo esquecido, querido Ivan Petróvitch. Depois de tudo que aconteceu em tão poucas horas, meditei tão profundamente que poderia até escrever para a posteridade um tratado sobre a arte de viver. Aceito com prazer as tuas desculpas e peço que me perdoe também. Adeus! *(Ele e Voinítski se abraçam e se beijam três vezes.)*

VOINÍTSKI – Você receberá regularmente a mesma quantia que mandávamos antes. Tudo será exatamente como era. *(Helena abraça Sônia.)*

SEREBRIÁKOV – *(Beija a mão de Maria Vassiliévna.)* Mamãe...

MARIA – *(Beija-o.)* Alexandre, por favor, tira uma fotografia nova e manda para mim. Você sabe muito bem quanto eu o estimo.

TELÉGUINE – Adeus, excelência! Não se esqueça de nós!

SEREBRIÁKOV – *(Beija a filha.)* Adeus... Adeus a todos! *(Estende a mão a Àstrov.)* Meus agradecimentos pela sua amável companhia... Respeito suas atitudes, sua maneira de pensar, seu arrebatamento, sua espontaneidade. Mas permitam a este velho acrescentar uma palavra de conselho às suas palavras de despedida: *(Em geral.)* é preciso ter alguma atividade útil, meus amigos! É preciso ter alguma atividade útil! *(Curva-se, num cumprimento a todos.)* Desejo a todos toda a felicidade e boa sorte! *(Sai, seguido por Maria Vassiliévna e Sônia.)*

VOINÍTSKI – *(Beija a mão de Helena com calor.)* Adeus... E me perdoe... Não nos veremos mais.

HELENA – *(Emocionada.)* Adeus, querido Ivan Petróvitch. *(Beija-o na testa e sai.)*

ÀSTROV – *(A Teléguine.)* Bexiga, diz a eles pra mandarem avançar também os meus cavalos.

Teléguine – Pois não, meu bom amigo. *(Sai. Àstrov e Voinítski ficam sós em cena.)*

Àstrov – *(Pega as tintas na mesa e vai pondo na valise.)* Você não vai lá fora, ver a partida?

Voinítski – Deixa eles partirem. Porque eu... eu não posso mais! Estou deprimido. Tenho que me ocupar com alguma coisa logo... logo! Trabalho! Trabalho! *(Mexe nos papéis. Uma pausa. Ouvem-se guizos e trotar de cavalos.)*

Àstrov – Já foram. O professor não podia estar mais contente. Nem uma junta de cavalos selvagens o arrastaria até aqui de novo.

Marina – *(Entra.)* Foram embora. *(Senta e começa a tricotar.)*

Sônia – *(Entra.)* Foram embora. *(Limpa as lágrimas.)* Que Deus os guarde durante a viagem. *(Ao tio.)* Bem, tio Vânia, vamos começar?

Voinítski – Ao trabalho! Ao trabalho!

Sônia – Tem tempo, muito tempo mesmo, que nós não nos sentamos nesta mesa, nós dois juntos. *(Acende a lâmpada sobre a mesa.)* Acho que não tem tinta... *(Pega o tinteiro, vai no armário e enche o tinteiro.)* Mas estou muito triste porque foram embora.

Maria Vassiliévna – *(Entra lentamente.)* Partiram! *(Senta e se absorve na leitura.)*

Sônia – *(Senta à mesa e folheia faturas.)* Tio Vânia, acho melhor começarmos pelas faturas. Abandonamos tudo, está tudo uma bagunça. Hoje mesmo um fornecedor veio reclamar. Vamos lá, o senhor enche eu uma eu encho outra...

Voinítski – *(Escreve.)* Entregue ao senhor... *(Os dois escrevem em silêncio.)*

Marina – *(Boceja.)* Acho que já está na minha hora de fazer nunú.

ÀSTROV – Silêncio, ouve-se o arranhar das penas, o cri-cri dos grilos. Está quente, o ambiente é terno e acolhedor... Nem dá vontade de sair daqui. *(Som dos guizos dos cavalos.)* Meus cavalos! Só me resta dizer adeus a vocês, meus amigos, me despedir da minha mesa – adeus minha mesa! – e dar o fora! *(Põe os mapas no portfólio. Um empregado entra.)*

MARINA – Por que essa pressa toda? Se eu fosse você ficava mais um pouco.

ÀSTROV – Não posso.

VOINÍTSKI – *(Escreve.)* "Ficando como saldo devedor a quantia de dois rublos e 75 copeques..." *(Criado entra.)*

CRIADO – Mikail Livóvitch, os cavalos estão prontos.

ÀSTROV – Já ouvi. *(Entrega ao criado a maleta de médico, a valise e o portfólio.)* Leva isso. Cuidado pra não dobrar o portfólio.

CRIADO – Sim senhor. *(Sai.)*

ÀSTROV – Bem... *(Aproxima-se deles pras despedidas.)*

SÔNIA – Quando vamos nos rever?

ÀSTROV – Nunca antes do verão, eu penso. No inverno será difícil... Claro, se acontecer alguma coisa mandem me avisar que eu venho logo *(Apertos de mão.)* Obrigado pela hospitalidade, e pelo carinho com que me trataram... enfim, por tudo. *(Vai até Marina e a beija.)* Adeus, minha velha!

MARINA – Quer dizer que não vai tomar nem uma xícara de chá antes de ir?

ÀSTROV – Não quero não, mãezinha.

MARINA – E um copinho de vodca?

ÀSTROV – *(Hesita.)* Bom!... *(Marina sai Àstrov espera um tempo.)* Um dos meus cavalos está mancando, não sei por quê. Reparei ontem quando Petrúchka foi dar água a ele.

VOINÍTSKI – É a ferradura.

Àstrov – Deve ser. Vou ter que parar no ferreiro em Rojdestvenoie. Não tem outro jeito. *(Vai até o mapa da África e fica olhando.)* Acho que agora deve estar fazendo um calor infernal nessa África.

Voinítski – Deve estar.

Marina – *(Volta com uma bandeja com um copo de vodca e um pedaço de pão.)* Está aqui! *(Àstrov bebe a vodca.)* À tua saúde paizinho! *(Se curva, cumprimentando.)* Por que você não acompanha com um pouco de pão?

Àstrov – Não, prefiro assim... Bom, felicidades pra todos vocês! *(Para Marina.)* Não, não precisa me acompanhar não, mãezinha. Fica aí. *(Sai. Sônia o acompanha com uma vela. Marina senta.)*

Voinítski – "Dois de fevereiro. Vinte libras de óleo de linhaça... Dezesseis de fevereiro. Óleo de linhaça de novo – vinte libras de novo. Trigo sarraceno..." *(Pausa. O som dos guizos dos cavalos.)*

Marina – Partiu. *(Pausa.)*

Sônia – *(Volta, põe a vela na mesa.)* Foi embora.

Voinítski – *(Faz conta no ábaco e escreve.)* "Total: quinze... vinte e cinco..." *(Sônia senta-se e escreve.)*

Marina – *(Boceja.)* Deus perdoe os nossos pecados... *(Teléguine entra na ponta dos pés, senta-se junto à porta e, baixinho, começa a dedilhar a guitarra.)*

Voinítski – *(Acariciando os cabelos de Sônia.)* Minha filha, que peso imenso no meu coração! Oh, se você soubesse como dói meu coração!

Sônia – Que é que se pode fazer, tio Vânia? Continuar vivendo. *(Pausa.)* Nós vamos continuar vivendo, titio. Vamos atravessar uma fieira interminável de dias tediosos. E noites tediosas. Vamos acertar com toda paciência as provações que o destino nos impuser. Trabalharemos para os outros, agora, e mesmo quando formos velhos. Jamais descansaremos. Quando chegar nossa hora, aceitaremos a morte com resignação e, do outro lado, além da morte e além do túmulo, contaremos tudo que sofremos, tudo que choramos, tudo que provamos de amargura... E Deus terá piedade de nós. Aí, querido tio Vânia, nós dois juntos conheceremos uma vida luminosa, feliz e harmoniosa. Teremos então a plenitude e olharemos as nossas desditas de hoje com um sorriso de ternura – e aí descansaremos. Eu acredito nisso, meu tio, acredito fervorosamente. Apaixonadamente... *(Ajoelha-se diante dele, põe a cabeça nas mãos dele e fala com voz cansada.)* Nós descansaremos. *(Teléguine toca suavemente.)* Ouviremos os anjos e veremos todos os céus coalhados de estrelas como diamantes, e toda a maldade terrena, todos os nossos sofrimentos terrenos serão varridos pela misericórdia que cobrirá o universo. E a vida será pacífica, gentil e suave como um carinho. Eu acredito! Eu acredito! *(Com o lenço enxuga os olhos do tio.)* Pobre tio Vânia! Coitado do tio Vânia, está chorando... *(Também chorosa.)* O senhor não conheceu as alegrias da vida, tio Vânia, mas espera... espera um pouco. Nós descansaremos. *(Abraça-o.)* Descansaremos. *(O vigia noturno bate o mato lá fora. Maria Vassiliévna toma notas à margem do panfleto que lê. Marina tricota.)*

SÔNIA – Nós descansaremos!

CORTINA LENTA

SOBRE O TRADUTOR

MILLÔR FERNANDES nasceu no Rio de Janeiro, em 1924. Estreou muito cedo no jornalismo, do qual veio a ser um dos mais combativos exemplos no Brasil. Suas primeiras atividades na imprensa foram em *O Jornal* e nas revistas *O Cruzeiro* e *Pif-Paf*. Estudou no Liceu de Artes e Ofícios do Rio de Janeiro e, já integrado à intelectualidade carioca, trabalhou nos seguintes periódicos: *Diário da Noite*, *Tribuna da Imprensa* e *Correio da Manhã*, sofrendo, diversas vezes, censura e retaliações por seus textos. De 1964 a 1974, escreveu regularmente para *O Diário Popular*, de Portugal. Colaborou também para os periódicos *Correio da Manhã*, *Veja*, *O Pasquim*, *Isto É*, *Jornal do Brasil*, *O Dia*, *Folha de São Paulo*, *Bundas*, *O Estado de São Paulo*, entre outros. Publicou dezenas de livros, entre os quais *A verdadeira história do paraíso*, *Poemas* (**L**&**PM** POCKET), *Millôr definitivo – A bíblia do caos* (**L**&**PM** POCKET) e *O livro vermelho dos pensamentos de Millôr* (**L**&**PM** POCKET). Suas colaborações para o teatro chegam a mais de uma centena de trabalhos, entre peças de sua autoria, como *Flávia, cabeça, tronco e membros* (**L**&**PM** POCKET), *Liberdade, liberdade* (com Flávio Rangel) (**L**&**PM** POCKET), *O homem do princípio ao fim* (**L**&**PM** POCKET), *Um elefante no caos* (**L**&**PM** POCKET), *A história é uma história*, e adaptações e traduções teatrais, como *Gata em telhado de zinco quente*, de Tennessee Williams, *A megera domada*, de Shakespeare (**L**&**PM** POCKET), *Pigmaleão*, de George Bernard Shaw (**L**&**PM** POCKET), e *O jardim das cerejeiras seguido de Tio Vânia*, de Anton Tchékov (**L**&**PM** POCKET). Millôr pode ser lido na revista *Veja* e no site www2.uol.com.br/millor/.

Coleção **L&PM** POCKET

1.**Catálogo geral da Coleção**
2.**Poesias** – Fernando Pessoa
3.**O livro dos sonetos** – org. Sergio Faraco
4.**Hamlet** – Shakespeare / trad. Millôr
5.**Isadora, frag. autobiográficos** – Isadora Duncan
6.**Histórias sicilianas** – G. Lampedusa
7.**O relato de Arthur Gordon Pym** – Edgar A. Poe
8.**A mulher mais linda da cidade** – Bukowski
9.**O fim de Montezuma** – Hernan Cortez
10.**A ninfomania** – D. T. Bienville
11.**As aventuras de Robinson Crusoé** – D. Defoe
12.**Histórias de amor** – A. Bioy Casares
13.**Armadilha mortal** – Roberto Arlt
14.**Contos de fantasmas** – Daniel Defoe
15.**Os pintores cubistas** – G. Apollinaire
16.**A morte de Ivan Ilitch** – L.Tolstói
17.**A desobediência civil** – D. H. Thoreau
18.**Liberdade, liberdade** – F. Rangel e M. Fernandes
19.**Cem sonetos de amor** – Pablo Neruda
20.**Mulheres** – Eduardo Galeano
21.**Cartas a Théo** – Van Gogh
22.**Don Juan** – Molière / Trad. Millôr Fernandes
24.**Horla** – Guy de Maupassant
25.**O caso de Charles Dexter Ward** – Lovecraft
26.**Vathek** – William Beckford
27.**Hai-Kais** – Millôr Fernandes
28.**Adeus, minha adorada** – Raymond Chandler
29.**Cartas portuguesas** – Mariana Alcoforado
30.**A mensageira das violetas** – Florbela Espanca
31.**Espumas flutuantes** – Castro Alves
32.**Dom Casmurro** – Machado de Assis
34.**Alves & Cia.** – Eça de Queiroz
35.**Uma temporada no inferno** – A. Rimbaud
36.**A corresp. de Fradique Mendes** – Eça de Queiroz
38.**Antologia poética** – Olavo Bilac
39.**O rei Lear** – Shakespeare
40.**Memórias póstumas de Brás Cubas** – Machado de Assis
41.**Que loucura!** – Woody Allen
42.**O duelo** – Casanova
44.**Gentidades** – Darcy Ribeiro
45.**Memórias de um Sargento de Milícias** – Manuel Antônio de Almeida
46.**Os escravos** – Castro Alves
47.**O desejo pego pelo rabo** – Pablo Picasso
48.**Os inimigos** – Máximo Gorki
49.**O colar de veludo** – Alexandre Dumas
50.**Livro dos bichos** – Vários
51.**Quincas Borba** – Machado de Assis
53.**O exército de um homem só** – Moacyr Scliar
54.**Frankenstein** – Mary Shelley
55.**Dom Segundo Sombra** – Ricardo Güiraldes
56.**De vagões e vagabundos** – Jack London
57.**O homem bicentenário** – Isaac Asimov
58.**A viuvinha** – José de Alencar
59.**Livro das cortesãs** – org. de Sergio Faraco
60.**Últimos poemas** – Pablo Neruda
61.**A moreninha** – Joaquim Manuel de Macedo
62.**Cinco minutos** – José de Alencar
63.**Saber envelhecer e a amizade** – Cícero
64.**Enquanto a noite não chega** – J. Guimarães
65.**Tufão** – Joseph Conrad
66.**Aurélia** – Gérard de Nerval
67.**I-Juca-Pirama** – Gonçalves Dias
68.**Fábulas** – Esopo
69.**Teresa Filósofa** – Anônimo do Séc. XVIII
70.**Avent. inéditas de Sherlock Holmes** – Arthur Conan Doyle
71.**Quintana de bolso** – Mario Quintana
72.**Antes e depois** – Paul Gauguin
73.**A morte de Olivier Bécaille** – Émile Zola
74.**Iracema** – José de Alencar
75.**Iaiá Garcia** – Machado de Assis
76.**Utopia** – Tomás Morus
77.**Sonetos para amar o amor** – Camões
78.**Carmem** – Prosper Mérimée
79.**Senhora** – José de Alencar
80.**Hagar, o horrível 1** – Dik Browne
81.**O coração das trevas** – Joseph Conrad
82.**Um estudo em vermelho** – Arthur Conan Doyle
83.**Todos os sonetos** – Augusto dos Anjos
84.**A propriedade é um roubo** – P.-J. Proudhon
85.**Drácula** – Bram Stoker
86.**O marido complacente** – Sade
87.**De profundis** – Oscar Wilde
88.**Sem plumas** – Woody Allen
89.**Os bruzundangas** – Lima Barreto
90.**O cão dos Baskervilles** – Arthur Conan Doyle
91.**Paraísos artificiais** – Charles Baudelaire
92.**Cândido, ou o otimismo** – Voltaire
93.**Triste fim de Policarpo Quaresma** – Lima Barreto
94.**Amor de perdição** – Camilo Castelo Branco
95.**A megera domada** – Shakespeare / trad. Millôr
96.**O mulato** – Aluísio Azevedo
97.**O alienista** – Machado de Assis
98.**O livro dos sonhos** – Jack Kerouac
99.**Noite na taverna** – Álvares de Azevedo
100.**Aura** – Carlos Fuentes
102.**Contos gauchescos e Lendas do sul** – Simões Lopes Neto
103.**O cortiço** – Aluísio Azevedo
104.**Marília de Dirceu** – T. A. Gonzaga
105.**O Primo Basílio** – Eça de Queiroz
106.**O ateneu** – Raul Pompéia
107.**Um escândalo na Boêmia** – Arthur Conan Doyle
108.**Contos** – Machado de Assis
109.**200 Sonetos** – Luis Vaz de Camões
110.**O príncipe** – Maquiavel
111.**A escrava Isaura** – Bernardo Guimarães
112.**O solteirão nobre** – Conan Doyle
114.**Shakespeare de A a Z** – Shakespeare

115.**A relíquia** – Eça de Queiroz
117.**Livro do corpo** – Vários
118.**Lira dos 20 anos** – Álvares de Azevedo
119.**Esaú e Jacó** – Machado de Assis
120.**A barcarola** – Pablo Neruda
121.**Os conquistadores** – Júlio Verne
122.**Contos breves** – G. Apollinaire
123.**Taipi** – Herman Melville
124.**Livro dos desaforos** – org. de Sergio Faraco
125.**A mão e a luva** – Machado de Assis
126.**Doutor Miragem** – Moacyr Scliar
127.**O penitente** – Isaac B. Singer
128.**Diários da descoberta da América** – Cristóvão Colombo
129.**Édipo Rei** – Sófocles
130.**Romeu e Julieta** – Shakespeare
131.**Hollywood** – Bukowski
132.**Billy the Kid** – Pat Garrett
133.**Cuca fundida** – Woody Allen
134.**O jogador** – Dostoiévski
135.**O livro da selva** – Rudyard Kipling
136.**O vale do terror** – Arthur Conan Doyle
137.**Dançar tango em Porto Alegre** – S. Faraco
138.**O gaúcho** – Carlos Reverbel
139.**A volta ao mundo em oitenta dias** – J. Verne
140.**O livro dos esnobes** – W. M. Thackeray
141.**Amor & morte em Poodle Springs** – Raymond Chandler & R. Parker
142.**As aventuras de David Balfour** – Stevenson
143.**Alice no país das maravilhas** – Lewis Carroll
144.**A ressurreição** – Machado de Assis
145.**Inimigos, uma história de amor** – I. Singer
146.**O Guarani** – José de Alencar
147.**A cidade e as serras** – Eça de Queiroz
148.**Eu e outras poesias** – Augusto dos Anjos
149.**A mulher de trinta anos** – Balzac
150.**Pomba enamorada** – Lygia F. Telles
151.**Contos fluminenses** – Machado de Assis
152.**Antes de Adão** – Jack London
153.**Intervalo amoroso** – A.Romano de Sant'Anna
154.**Memorial de Aires** – Machado de Assis
155.**Naufrágios e comentários** – Cabeza de Vaca
156.**Ubirajara** – José de Alencar
157.**Textos anarquistas** – Bakunin
159.**Amor de salvação** – Camilo Castelo Branco
160.**O gaúcho** – José de Alencar
161.**O livro das maravilhas** – Marco Polo
162.**Inocência** – Visconde de Taunay
163.**Helena** – Machado de Assis
164.**Uma estação de amor** – Horácio Quiroga
165.**Poesia reunida** – Martha Medeiros
166.**Memórias de Sherlock Holmes** – Conan Doyle
167.**A vida de Mozart** – Stendhal
168.**O primeiro terço** – Neal Cassady
169.**O mandarim** – Eça de Queiroz
170.**Um espinho de marfim** – Marina Colasanti
171.**A ilustre Casa de Ramires** – Eça de Queiroz
172.**Lucíola** – José de Alencar
173.**Antígona** – Sófocles – trad. Donaldo Schüler
174.**Otelo** – William Shakespeare
175.**Antologia** – Gregório de Matos
176.**A liberdade de imprensa** – Karl Marx
177.**Casa de pensão** – Aluísio Azevedo
178.**São Manuel Bueno, Mártir** – Unamuno
179.**Primaveras** – Casimiro de Abreu
180.**O noviço** – Martins Pena
181.**O sertanejo** – José de Alencar
182.**Eurico, o presbítero** – Alexandre Herculano
183.**O signo dos quatro** – Conan Doyle
184.**Sete anos no Tibet** – Heinrich Harrer
185.**Vagamundo** – Eduardo Galeano
186.**De repente acidentes** – Carl Solomon
187.**As minas de Salomão** – Rider Haggar
188.**Uivo** – Allen Ginsberg
189.**A ciclista solitária** – Conan Doyle
190.**Os seis bustos de Napoleão** – Conan Doyle
191.**Cortejo do divino** – Nelida Piñon
194.**Os crimes do amor** – Marquês de Sade
195.**Besame Mucho** – Mário Prata
196.**Tuareg** – Alberto Vázquez-Figueroa
197.**O longo adeus** – Raymond Chandler
199.**Notas de um velho safado** – Bukowski
200.**111 ais** – Dalton Trevisan
201.**O nariz** – Nicolai Gogol
202.**O capote** – Nicolai Gogol
203.**Macbeth** – William Shakespeare
204.**Heráclito** – Donaldo Schüler
205.**Você deve desistir, Osvaldo** – Cyro Martins
206.**Memórias de Garibaldi** – A. Dumas
207.**A arte da guerra** – Sun Tzu
208.**Fragmentos** – Caio Fernando Abreu
209.**Festa no castelo** – Moacyr Scliar
210.**O grande deflorador** – Dalton Trevisan
212.**Homem do princípio ao fim** – Millôr Fernandes
213.**Aline e seus dois namorados (1)** – A. Iturrusgarai
214.**A juba do leão** – Sir Arthur Conan Doyle
215.**Assassino metido a esperto** – R. Chandler
216.**Confissões de um comedor de ópio** – Thomas De Quincey
217.**Os sofrimentos do jovem Werther** – Goethe
218.**Fedra** – Racine / Trad. Millôr Fernandes
219.**O vampiro de Sussex** – Conan Doyle
220.**Sonho de uma noite de verão** – Shakespeare
221.**Dias e noites de amor e de guerra** – Galeano
222.**O Profeta** – Khalil Gibran
223.**Flávia, cabeça, tronco e membros** – M. Fernandes
224.**Guia da ópera** – Jeanne Suhamy
225.**Macário** – Álvares de Azevedo
226.**Etiqueta na prática** – Celia Ribeiro
227.**Manifesto do partido comunista** – Marx & Engels
228.**Poemas** – Millôr Fernandes
229.**Um inimigo do povo** – Henrik Ibsen
230.**O paraíso destruído** – Frei B. de las Casas
231.**O gato no escuro** – Josué Guimarães
232.**O mágico de Oz** – L. Frank Baum
233.**Armas no Cyrano's** – Raymond Chandler
234.**Max e os felinos** – Moacyr Scliar
235.**Nos céus de Paris** – Alcy Cheuiche
236.**Os bandoleiros** – Schiller

237.**A primeira coisa que eu botei na boca** – Deonísio da Silva
238.**As aventuras de Simbad, o marújo**
239.**O retrato de Dorian Gray** – Oscar Wilde
240.**A carteira de meu tio** – J. Manuel de Macedo
241.**A luneta mágica** – J. Manuel de Macedo
242.**A metamorfose** – Kafka
243.**A flecha de ouro** – Joseph Conrad
244.**A ilha do tesouro** – R. L. Stevenson
245.**Marx - Vida & Obra** – José A. Giannotti
246.**Gênesis**
247.**Unidos para sempre** – Ruth Rendell
248.**A arte de amar** – Ovídio
249.**O sono eterno** – Raymond Chandler
250.**Novas receitas do Anonymus Gourmet** – J.A.P.M.
251.**A nova catacumba** – Arthur Conan Doyle
252.**Dr. Negro** – Arthur Conan Doyle
253.**Os voluntários** – Moacyr Scliar
254.**A bela adormecida** – Irmãos Grimm
255.**O príncipe sapo** – Irmãos Grimm
256.**Confissões** *e* **Memórias** – H. Heine
257.**Viva o Alegrete** – Sergio Faraco
258.**Vou estar esperando** – R. Chandler
259.**A senhora Beate e seu filho** – Schnitzler
260.**O ovo apunhalado** – Caio Fernando Abreu
261.**O ciclo das águas** – Moacyr Scliar
262.**Millôr Definitivo** – Millôr Fernandes
264.**Viagem ao centro da Terra** – Júlio Verne
265.**A dama do lago** – Raymond Chandler
266.**Caninos brancos** – Jack London
267.**O médico e o monstro** – R. L. Stevenson
268.**A tempestade** – William Shakespeare
269.**Assassinatos na rua Morgue** – E. Allan Poe
270.**99 corruíras nanicas** – Dalton Trevisan
271.**Broquéis** – Cruz e Sousa
272.**Mês de cães danados** – Moacyr Scliar
273.**Anarquistas – vol. 1 – A idéia** – G.Woodcock
274.**Anarquistas – vol. 2 – O movimento** – G.Woodcock
275.**Pai e filho, filho e pai** – Moacyr Scliar
276.**As aventuras de Tom Sawyer** – Mark Twain
277.**Muito barulho por nada** – W. Shakespeare
278.**Elogio da loucura** – Erasmo
279.**Autobiografia de Alice B. Toklas** – G. Stein
280.**O chamado da floresta** – J. London
281.**Uma agulha para o diabo** – Ruth Rendell
282.**Verdes vales do fim do mundo** – A. Bivar
283.**Ovelhas negras** – Caio Fernando Abreu
284.**O fantasma de Canterville** – O. Wilde
285.**Receitas de Yayá Ribeiro** – Celia Ribeiro
286.**A galinha degolada** – H. Quiroga
287.**O último adeus de Sherlock Holmes** – A. Conan Doyle
288.**A. Gourmet** *em* **Histórias de cama & mesa** – J. A. Pinheiro Machado
289.**Topless** – Martha Medeiros
290.**Mais receitas do Anonymus Gourmet** – J. A. Pinheiro Machado
291.**Origens do discurso democrático** – D. Schüler
292.**Humor politicamente incorreto** – Nani
293.**O teatro do bem e do mal** – E. Galeano
294.**Garibaldi & Manoela** – J. Guimarães
295.**10 dias que abalaram o mundo** – John Reed
296.**Numa fria** – Bukowski
297.**Poesia de Florbela Espanca** vol. 1
298.**Poesia de Florbela Espanca** vol. 2
299.**Escreva certo** – E. Oliveira e M. E. Bernd
300.**O vermelho e o negro** – Stendhal
301.**Ecce homo** – Friedrich Nietzsche
302(7).**Comer bem, sem culpa** – Dr. Fernando Lucchese, A. Gourmet e Iotti
303.**O livro de Cesário Verde** – Cesário Verde
305.**100 receitas de macarrão** – S. Lancellotti
306.**160 receitas de molhos** – S. Lancellotti
307.**100 receitas light** – H. e Â. Tonetto
308.**100 receitas de sobremesas** – Celia Ribeiro
309.**Mais de 100 dicas de churrasco** – Leon Diziekaniak
310.**100 receitas de acompanhamentos** – C. Cabeda
311.**Honra ou vendetta** – S. Lancellotti
312.**A alma do homem sob o socialismo** – Oscar Wilde
313.**Tudo sobre Yôga** – Mestre De Rose
314.**Os varões assinalados** – Tabajara Ruas
315.**Édipo em Colono** – Sófocles
316.**Lisístrata** – Aristófanes / trad. Millôr
317.**Sonhos de Bunker Hill** – John Fante
318.**Os deuses de Raquel** – Moacyr Scliar
319.**O colosso de Marússia** – Henry Miller
320.**As eruditas** – Molière / trad. Millôr
321.**Radicci 1** – Iotti
322.**Os Sete contra Tebas** – Ésquilo
323.**Brasil Terra à vista** – Eduardo Bueno
324.**Radicci 2** – Iotti
325.**Júlio César** – William Shakespeare
326.**A carta de Pero Vaz de Caminha**
327.**Cozinha Clássica** – Sílvio Lancellotti
328.**Madame Bovary** – Gustave Flaubert
329.**Dicionário do viajante insólito** – M. Scliar
330.**O capitão saiu para o almoço...** – Bukowski
331.**A carta roubada** – Edgar Allan Poe
332.**É tarde para saber** – Josué Guimarães
333.**O livro de bolso da Astrologia** – Maggy Harrisonx e Mellina Li
334.**1933 foi um ano ruim** – John Fante
335.**100 receitas de arroz** – Aninha Comas
336.**Guia prático do Português correto – vol. 1** – Cláudio Moreno
337.**Bartleby, o escriturário** – H. Melville
338.**Enterrem meu coração na curva do rio** – Dee Brown
339.**Um conto de Natal** – Charles Dickens
340.**Cozinha sem segredos** – J. A. P. Machado
341.**A dama das Camélias** – A. Dumas Filho
342.**Alimentação saudável** – H. e Â. Tonetto
343.**Continhos galantes** – Dalton Trevisan
344.**A Divina Comédia** – Dante Alighieri
345.**A Dupla Sertanojo** – Santiago
346.**Cavalos do amanhecer** – Mario Arregui
347.**Biografia de Vincent van Gogh por sua cunhada** – Jo van Gogh-Bonger

348.**Radicci 3** – Iotti
349.**Nada de novo no front** – E. M. Remarque
350.**A hora dos assassinos** – Henry Miller
351.**Flush – Memórias de um cão** – Virginia Woolf
352.**A guerra no Bom Fim** – M. Scliar
353(1).**O caso Saint-Fiacre** – Simenon
354(2).**Morte na alta sociedade** – Simenon
355(3).**O cão amarelo** – Simenon
356(4).**Maigret e o homem do banco** – Simenon
357.**As uvas e o vento** – Pablo Neruda
358.**On the road** – Jack Kerouac
359.**O coração amarelo** – Pablo Neruda
360.**Livro das perguntas** – Pablo Neruda
361.**Noite de Reis** – William Shakespeare
362.**Manual de Ecologia** – vol.1 – J. Lutzenberger
363.**O mais longo dos dias** – Cornelius Ryan
364.**Foi bom prá você?** – Nani
365.**Crepusculário** – Pablo Neruda
366.**A comédia dos erros** – Shakespeare
367(5).**A primeira investigação de Maigret** – Simenon
368(6).**As férias de Maigret** – Simenon
369.**Mate-me por favor (vol.1)** – L. McNeil
370.**Mate-me por favor (vol.2)** – L. McNeil
371.**Carta ao pai** – Kafka
372.**Os vagabundos iluminados** – J. Kerouac
373(7).**O enforcado** – Simenon
374(8).**A fúria de Maigret** – Simenon
375.**Vargas, uma biografia política** – H. Silva
376.**Poesia reunida (vol.1)** – A. R. de Sant'Anna
377.**Poesia reunida (vol.2)** – A. R. de Sant'Anna
378.**Alice no país do espelho** – Lewis Carroll
379.**Residência na Terra 1** – Pablo Neruda
380.**Residência na Terra 2** – Pablo Neruda
381.**Terceira Residência** – Pablo Neruda
382.**O delírio amoroso** – Bocage
383.**Futebol ao sol e à sombra** – E. Galeano
384(9).**O porto das brumas** – Simenon
385(10).**Maigret e seu morto** – Simenon
386.**Radicci 4** – Iotti
387.**Boas maneiras & sucesso nos negócios** – Celia Ribeiro
388.**Uma história Farroupilha** – M. Scliar
389.**Na mesa ninguém envelhece** – J. A. Pinheiro Machado
390.**200 receitas inéditas do Anonymus Gourmet** – J. A. Pinheiro Machado
391.**Guia prático do Português correto – vol.2** – Cláudio Moreno
392.**Breviário das terras do Brasil** – Assis Brasil
393.**Cantos Cerimoniais** – Pablo Neruda
394.**Jardim de Inverno** – Pablo Neruda
395.**Antonio e Cleópatra** – William Shakespeare
396.**Tróia** – Cláudio Moreno
397.**Meu tio matou um cara** – Jorge Furtado
398.**O anatomista** – Federico Andahazi
399.**As viagens de Gulliver** – Jonathan Swift
400.**Dom Quixote** – (v. 1) – Miguel de Cervantes
401.**Dom Quixote** – (v. 2) – Miguel de Cervantes
402.**Sozinho no Pólo Norte** – Thomaz Brandolin
403.**Matadouro 5** – Kurt Vonnegut
404.**Delta de Vênus** – Anaïs Nin
405.**O melhor de Hagar 2** – Dik Browne
406.**É grave Doutor?** – Nani
407.**Orai pornô** – Nani
408(11).**Maigret em Nova York** – Simenon
409(12).**O assassino sem rosto** – Simenon
410(13).**O mistério das jóias roubadas** – Simenon
411.**A irmãzinha** – Raymond Chandler
412.**Três contos** – Gustave Flaubert
413.**De ratos e homens** – John Steinbeck
414.**Lazarilho de Tormes** – Anônimo do séc. XVI
415.**Triângulo das águas** – Caio Fernando Abreu
416.**100 receitas de carnes** – Sílvio Lancellotti
417.**Histórias de robôs:** vol. 1 – org. Isaac Asimov
418.**Histórias de robôs:** vol. 2 – org. Isaac Asimov
419.**Histórias de robôs:** vol. 3 – org. Isaac Asimov
420.**O país dos centauros** – Tabajara Ruas
421.**A república de Anita** – Tabajara Ruas
422.**A carga dos lanceiros** – Tabajara Ruas
423.**Um amigo de Kafka** – Isaac Singer
424.**As alegres matronas de Windsor** – Shakespeare
425.**Amor e exílio** – Isaac Bashevis Singer
426.**Use & abuse do seu signo** – Marília Fiorillo e Marylou Simonsen
427.**Pigmaleão** – Bernard Shaw
428.**As fenícias** – Eurípides
429.**Everest** – Thomaz Brandolin
430.**A arte de furtar** – Anônimo do séc. XVI
431.**Billy Bud** – Herman Melville
432.**A rosa separada** – Pablo Neruda
433.**Elegia** – Pablo Neruda
434.**A garota de Cassidy** – David Goodis
435.**Como fazer a guerra: máximas de Napoleão** – Balzac
436.**Poemas escolhidos** – Emily Dickinson
437.**Gracias por el fuego** – Mario Benedetti
438.**O sofá** – Crébillon Fils
439.**O "Martín Fierro"** – Jorge Luis Borges
440.**Trabalhos de amor perdidos** – W. Shakespeare
441.**O melhor de Hagar 3** – Dik Browne
442.**Os Maias (volume1)** – Eça de Queiroz
443.**Os Maias (volume2)** – Eça de Queiroz
444.**Anti-Justine** – Restif de La Bretonne
445.**Juventude** – Joseph Conrad
446.**Contos** – Eça de Queiroz
447.**Janela para a morte** – Raymond Chandler
448.**Um amor de Swann** – Marcel Proust
449.**À paz perpétua** – Immanuel Kant
450.**A conquista do México** – Hernan Cortez
451.**Defeitos escolhidos e 2000** – Pablo Neruda
452.**O casamento do céu e do inferno** – William Blake
453.**A primeira viagem ao redor do mundo** – Antonio Pigafetta
454(14).**Uma sombra na janela** – Simenon
455(15).**A noite da encruzilhada** – Simenon
456(16).**A velha senhora** – Simenon
457.**Sartre** – Annie Cohen-Solal

458.**Discurso do método** – René Descartes
459.**Garfield em grande forma (1)** – Jim Davis
460.**Garfield está de dieta** (2) – Jim Davis
461.**O livro das feras** – Patricia Highsmith
462.**Viajante solitário** – Jack Kerouac
463.**Auto da barca do inferno** – Gil Vicente
464.**O livro vermelho dos pensamentos de Millôr** – Millôr Fernandes
465.**O livro dos abraços** – Eduardo Galeano
466.**Voltaremos!** – José Antonio Pinheiro Machado
467.**Rango** – Edgar Vasques
468(8).**Dieta mediterrânea** – Dr. Fernando Lucchese e José Antonio Pinheiro Machado
469.**Radicci 5** – Iotti
470.**Pequenos pássaros** – Anaïs Nin
471.**Guia prático do Português correto – vol.3** – Cláudio Moreno
472.**Atire no pianista** – David Goodis
473.**Antologia Poética** – García Lorca
474.**Alexandre e César** – Plutarco
475.**Uma espiã na casa do amor** – Anaïs Nin
476.**A gorda do Tiki Bar** – Dalton Trevisan
477.**Garfield um gato de peso (3)** – Jim Davis
478.**Canibais** – David Coimbra
479.**A arte de escrever** – Arthur Schopenhauer
480.**Pinóquio** – Carlo Collodi
481.**Misto-quente** – Bukowski
482.**A lua na sarjeta** – David Goodis
483.**O melhor do Recruta Zero (1)** – Mort Walker
484.**Aline: TPM – tensão pré-monstrual (2)** – Adão Iturrusgarai
485.**Sermões do Padre Antonio Vieira**
486.**Garfield numa boa (4)** – Jim Davis
487.**Mensagem** – Fernando Pessoa
488.**Vendeta** *seguido de* **A paz conjugal** – Balzac
489.**Poemas de Alberto Caeiro** – Fernando Pessoa
490.**Ferragus** – Honoré de Balzac
491.**A duquesa de Langeais** – Honoré de Balzac
492.**A menina dos olhos de ouro** – Honoré de Balzac
493.**O lírio do vale** – Honoré de Balzac
494(17).**A barcaça da morte** – Simenon
495(18).**As testemunhas rebeldes** – Simenon
496(19).**Um engano de Maigret** – Simenon
497(1).**A noite das bruxas** – Agatha Christie
498(2).**Um passe de mágica** – Agatha Christie
499(3).**Nêmesis** – Agatha Christie
500.**Esboço para uma teoria das emoções** – Sartre
501.**Renda básica de cidadania** – Eduardo Suplicy
502(1).**Pílulas para viver melhor** – Dr. Lucchese
503(2).**Pílulas para prolongar a juventude** – Dr. Lucchese
504(3).**Desembarcando o diabetes** – Dr. Lucchese
505(4).**Desembarcando o sedentarismo** – Dr. Fernando Lucchese e Cláudio Castro
506(5).**Desembarcando a hipertensão** – Dr. Lucchese
507(6).**Desembarcando o colesterol** – Dr. Fernando Lucchese e Fernanda Lucchese
508.**Estudos de mulher** – Balzac
509.**O terceiro tira** – Flann O'Brien
510.**100 receitas de aves e ovos** – J. A. P. Machado
511.**Garfield em toneladas de diversão** (5) – Jim Davis
512.**Trem-bala** – Martha Medeiros
513.**Os cães ladram** – Truman Capote
514.**O Kama Sutra de Vatsyayana**
515.**O crime do Padre Amaro** – Eça de Queiroz
516.**Odes de Ricardo Reis** – Fernando Pessoa
517.**O inverno da nossa desesperança** – Steinbeck
518.**Piratas do Tietê (1)** – Laerte
519.**Rê Bordosa: do começo ao fim** – Angeli
520.**O Harlem é escuro** – Chester Himes
521.**Café-da-manhã dos campeões** – Kurt Vonnegut
522.**Eugénie Grandet** – Balzac
523.**O último magnata** – F. Scott Fitzgerald
524.**Carol** – Patricia Highsmith
525.**100 receitas de patisseria** – Sílvio Lancellotti
526.**O fator humano** – Graham Greene
527.**Tristessa** – Jack Kerouac
528.**O diamante do tamanho do Ritz** – Scott Fitzgerald
529.**As melhores histórias de Sherlock Holmes** – Arthur Conan Doyle
530.**Cartas a um jovem poeta** – Rilke
531(20).**Memórias de Maigret** – Simenon
532(4).**O misterioso sr. Quin** – Agatha Christie
533.**Os analectos** – Confúcio
534(21).**Maigret e os homens de bem** – Simenon
535(22).**O medo de Maigret** – Simenon
536.**Ascensão e queda de César Birotteau** – Balzac
537.**Sexta-feira negra** – David Goodis
538.**Ora bolas – O humor de Mario Quintana** – Juarez Fonseca
539.**Longe daqui aqui mesmo** – Antonio Bivar
540(5).**É fácil matar** – Agatha Christie
541.**O pai Goriot** – Balzac
542.**Brasil, um país do futuro** – Stefan Zweig
543.**O processo** – Kafka
544.**O melhor de Hagar 4** – Dik Browne
545(6).**Por que não pediram a Evans?** – Agatha Christie
546.**Fanny Hill** – John Cleland
547.**O gato por dentro** – William S. Burroughs
548.**Sobre a brevidade da vida** – Sêneca
549.**Geraldão (1)** – Glauco
550.**Piratas do Tietê (2)** – Laerte
551.**Pagando o pato** – Ciça
552.**Garfield de bom humor (6)** – Jim Davis
553.**Conhece o Mário?** vol.1 – Santiago
554.**Radicci 6** – Iotti
555.**Os subterrâneos** – Jack Kerouac
556(1).**Balzac** – François Taillandier
557(2).**Modigliani** – Christian Parisot
558(3).**Kafka** – Gérard-Georges Lemaire
559(4).**Júlio César** – Joël Schmidt
560.**Receitas da família** – J. A. Pinheiro Machado
561.**Boas maneiras à mesa** – Celia Ribeiro
562(9).**Filhos sadios, pais felizes** – R. Pagnoncelli

563(10).**Fatos & mitos** – Dr. Fernando Lucchese
564.**Ménage à trois** – Paula Taitelbaum
565.**Mulheres!** – David Coimbra
566.**Poemas de Álvaro de Campos** – Fernando Pessoa
567.**Medo e outras histórias** – Stefan Zweig
568.**Snoopy e sua turma (1)** – Schulz
569.**Piadas para sempre (1)** – Visconde da Casa Verde
570.**O alvo móvel** – Ross Macdonald
571.**O melhor do Recruta Zero (2)** – Mort Walker
572.**Um sonho americano** – Norman Mailer
573.**Os broncos também amam** – Angeli
574.**Crônica de um amor louco** – Bukowski
575(5).**Freud** – René Major e Chantal Talagrand
576(6).**Picasso** – Gilles Plazy
577(7).**Gandhi** – Christine Jordis
578.**A tumba** – H. P. Lovecraft
579.**O príncipe e o mendigo** – Mark Twain
580.**Garfield, um charme de gato (7)** – Jim Davis
581.**Ilusões perdidas** – Balzac
582.**Esplendores e misérias das cortesãs** – Balzac
583.**Walter Ego** – Angeli
584.**Striptiras (1)** – Laerte
585.**Fagundes: um puxa-saco de mão cheia** – Laerte
586.**Depois do último trem** – Josué Guimarães
587.**Ricardo III** – Shakespeare
588.**Dona Anja** – Josué Guimarães
589.**24 horas na vida de uma mulher** – Stefan Zweig
590.**O terceiro homem** – Graham Greene
591.**Mulher no escuro** – Dashiell Hammett
592.**No que acredito** – Bertrand Russell
593.**Odisséia (1): Telemaquia** – Homero
594.**O cavalo cego** – Josué Guimarães
595.**Henrique V** – Shakespeare
596.**Fabulário geral do delírio cotidiano** – Bukowski
597.**Tiros na noite 1: A mulher do bandido** – Dashiell Hammett
598.**Snoopy em Feliz Dia dos Namorados! (2)** – Schulz
599.**Mas não se matam cavalos?** – Horace McCoy
600.**Crime e castigo** – Dostoiévski
601(7).**Mistério no Caribe** – Agatha Christie
602.**Odisséia (2): Regresso** – Homero
603.**Piadas para sempre (2)** – Visconde da Casa Verde
604.**À sombra do vulcão** – Malcolm Lowry
605(8).**Kerouac** – Yves Buin
606.**E agora são cinzas** – Angeli
607.**As mil e uma noites** – Paulo Caruso
608.**Um assassino entre nós** – Ruth Rendell
609.**Crack-up** – F. Scott Fitzgerald
610.**Do amor** – Stendhal
611.**Cartas do Yage** – William Burroughs e Allen Ginsberg
612.**Striptiras (2)** – Laerte
613.**Henry & June** – Anaïs Nin
614.**A piscina mortal** – Ross Macdonald
615.**Geraldão (2)** – Glauco
616.**Tempo de delicadeza** – A. R. de Sant'Anna
617.**Tiros na noite 2: Medo de tiro** – Dashiell Hammett
618.**Snoopy em Assim é a vida, Charlie Brown! (3)** – Schulz
619.**1954 – Um tiro no coração** – Hélio Silva
620.**Sobre a inspiração poética (Íon)** e ... – Platão
621.**Garfield e seus amigos (8)** – Jim Davis
622.**Odisséia (3): Ítaca** – Homero
623.**A louca matança** – Chester Himes
624.**Factótum** – Bukowski
625.**Guerra e Paz: volume 1** – Tolstói
626.**Guerra e Paz: volume 2** – Tolstói
627.**Guerra e Paz: volume 3** – Tolstói
628.**Guerra e Paz: volume 4** – Tolstói
629(9).**Shakespeare** – Claude Mourthé
630.**Bem está o que bem acaba** – Shakespeare
631.**O contrato social** – Rousseau
632.**Geração Beat** – Jack Kerouac
633.**Snoopy: É Natal! (4)** – Charles Schulz
634(8).**Testemunha da acusação** – Agatha Christie
635.**Um elefante no caos** – Millôr Fernandes
636.**Guia de leitura (100 autores que você precisa ler)** – Organização de Léa Masina
637.**Pistoleiros também mandam flores** – David Coimbra
638.**O prazer das palavras** – vol. 1 – Cláudio Moreno
639.**O prazer das palavras** – vol. 2 – Cláudio Moreno
640.**Novíssimo testamento: com Deus e o diabo, a dupla da criação** – Iotti
641.**Literatura Brasileira: modos de usar** – Luís Augusto Fischer
642.**Dicionário de Porto-Alegrês** – Luís A. Fischer
643.**Clô Dias & Noites** – Sérgio Jockymann
644.**Memorial de Isla Negra** – Pablo Neruda
645.**Um homem extraordinário e outras histórias** – Tchékhov
646.**Ana sem terra** – Alcy Cheuiche
647.**Adultérios** – Woody Allen
648.**Para sempre ou nunca mais** – R. Chandler
649.**Nosso homem em Havana** – Graham Greene
650.**Dicionário Caldas Aulete de Bolso**
651.**Snoopy: Posso fazer uma pergunta, professora? (5)** – Charles Schulz
652(10).**Luís XVI** – Bernard Vincent
653.**O mercador de Veneza** – Shakespeare
654.**Cancioneiro** – Fernando Pessoa
655.**Non-Stop** – Martha Medeiros
656.**Carpinteiros, levantem bem alto a cumeeira & Seymour, uma apresentação** – J.D.Salinger
657.**Ensaios céticos** – Bertrand Russell
658.**O melhor de Hagar 5** – Dik e Chris Browne
659.**Primeiro amor** – Ivan Turguêniev
660.**A trégua** – Mario Benedetti
661.**Um parque de diversões da cabeça** – Lawrence Ferlinghetti
662.**Aprendendo a viver** – Sêneca
663.**Garfield, um gato em apuros (9)** – Jim Davis

664.**Dilbert 1** – Scott Adams
665.**Dicionário de dificuldades** – Domingos Paschoal Cegalla
666.**A imaginação** – Jean-Paul Sartre
667.**O ladrão e os cães** – Naguib Mahfuz
668.**Gramática do português contemporâneo** – Celso Cunha
669.**A volta do parafuso** *seguido de* **Daisy Miller** – Henry James
670.**Notas do subsolo** – Dostoiévski
671.**Abobrinhas da Brasilônia** – Glauco
672.**Geraldão (3)** – Glauco
673.**Piadas para sempre (3)** – Visconde da Casa Verde
674.**Duas viagens ao Brasil** – Hans Staden
675.**Bandeira de bolso** – Manuel Bandeira
676.**A arte da guerra** – Maquiavel
677.**Além do bem e do mal** – Nietzsche
678.**O coronel Chabert** *seguido de* **A mulher abandonada** – Balzac
679.**O sorriso de marfim** – Ross Macdonald
680.**100 receitas de pescados** – Sílvio Lancellotti
681.**O juiz e seu carrasco** – Friedrich Dürrenmatt
682.**Noites brancas** – Dostoiévski
683.**Quadras ao gosto popular** – Fernando Pessoa
684.**Romanceiro da Inconfidência** – Cecília Meireles
685.**Kaos** – Millôr Fernandes
686.**A pele de onagro** – Balzac
687.**As ligações perigosas** – Choderlos de Laclos
688.**Dicionário de matemática** – Luiz Fernandes Cardoso
689.**Os Lusíadas** – Luís Vaz de Camões
690(11).**Átila** – Éric Deschodt
691.**Um jeito tranqüilo de matar** – Chester Himes
692.**A felicidade conjugal** *seguido de* **O diabo** – Tolstói
693.**Viagem de um naturalista ao redor do mundo** – vol. 1 – Charles Darwin
694.**Viagem de um naturalista ao redor do mundo** – vol. 2 – Charles Darwin
695.**Memórias da casa dos mortos** – Dostoiévski
696.**A Celestina** – Fernando de Rojas
697.**Snoopy: Como você é azarado, Charlie Brown! (6)** – Charles Schulz
698.**Dez (quase) amores** – Claudia Tajes
699(9).**Poirot sempre espera** – Agatha Christie
700.**Cecília de bolso** – Cecília Meireles
701.**Apologia de Sócrates** *precedido de* **Êutifron** e *seguido de* **Críton** – Platão
702.**Wood & Stock** – Angeli
703.**Striptiras (3)** – Laerte
704.**Discurso sobre a origem e os fundamentos da desigualdade entre os homens** – Rousseau
705.**Os duelistas** – Joseph Conrad
706.**Dilbert (2)** – Scott Adams
707.**Viver e escrever** (vol. 1) – Edla van Steen
708.**Viver e escrever** (vol. 2) – Edla van Steen
709.**Viver e escrever** (vol. 3) – Edla van Steen
710(10).**A teia da aranha** – Agatha Christie
711.**O banquete** – Platão
712.**Os belos e malditos** – F. Scott Fitzgerald
713.**Libelo contra a arte moderna** – Salvador Dalí
714.**Akropolis** – Valerio Massimo Manfredi
715.**Devoradores de mortos** – Michael Crichton
716.**Sob o sol da Toscana** – Frances Mayes
717.**Batom na cueca** – Nani
718.**Vida dura** – Claudia Tajes
719.**Carne trêmula** – Ruth Rendell
720.**Cris, a fera** – David Coimbra
721.**O anticristo** – Nietzsche
722.**Como um romance** – Daniel Pennac
723.**Emboscada no Forte Bragg** – Tom Wolfe
724.**Assédio sexual** – Michael Crichton
725.**O espírito do Zen** – Alan W.Watts
726.**Um bonde chamado desejo** – Tennessee Williams
727.**Como gostais** *seguido de* **Conto de inverno** – Shakespeare
728.**Tratado sobre a tolerância** – Voltaire
729.**Snoopy: Doces ou travessuras? (7)** – Charles Schulz
730.**Cardápios do Anonymus Gourmet** – J.A. Pinheiro Machado
731.**100 receitas com lata** – J.A. Pinheiro Machado
732.**Conhece o Mário?** vol.2 – Santiago
733.**Dilbert (3)** – Scott Adams
734.**História de um louco amor** *seguido de* **Passado amor** – Horacio Quiroga
735(11).**Sexo: muito prazer** – Laura Meyer da Silva
736(12).**Para entender o adolescente** – Dr. Ronald Pagnoncelli
737(13).**Desembarcando a tristeza** – Dr. Fernando Lucchese
738.**Poirot e o mistério da arca espanhola & outras histórias** – Agatha Christie
739.**A última legião** – Valerio Massimo Manfredi
740.**As virgens suicidas** – Jeffrey Eugenides
741.**Sol nascente** – Michael Crichton
742.**Duzentos ladrões** – Dalton Trevisan
743.**Os devaneios do caminhante solitário** – Rousseau
744.**Garfield, o rei da preguiça (10)** – Jim Davis
745.**Os magnatas** – Charles R. Morris
746.**Pulp** – Charles Bukowski
747.**Enquanto agonizo** – William Faulkner
748.**Aline: viciada em sexo (3)** – Adão Iturrusgarai
749.**A dama do cachorrinho** – Anton Tchékhov
750.**Tito Andrônico** – Shakespeare
751.**Antologia poética** – Anna Akhmátova
752.**O melhor de Hagar 6** – Dik e Chris Browne
753(12).**Michelangelo** – Nadine Sautel
754.**Dilbert (4)** – Scott Adams
755.**O jardim das cerejeiras** *seguido de* **Tio Vânia** – Tchékhov
756.**Geração Beat** – Claudio Willer
757.**Santos Dumont** – Alcy Cheuiche
758.**Budismo** – Claude B. Levenson
759.**Cleópatra** – Christian-Georges Schwentzel
760.**Revolução Francesa** – Frédéric Bluche, Stéphane Rials e Jean Tulard

761.**A crise de 1929** – Bernard Gazier
762.**Sigmund Freud** – Edson Sousa e Paulo Endo
763.**Império Romano** – Patrick Le Roux
764.**Cruzadas** – Cécile Morrisson
765.**O mistério do Trem Azul** – Agatha Christie
766.**Os escrúpulos de Maigret** – Simenon
767.**Maigret se diverte** – Simenon
768.**Senso comum** – Thomas Paine
769.**O parque dos dinossauros** – Michael Crichton
770.**Trilogia da paixão** – Goethe
771.**A simples arte de matar** (vol.1) – R. Chandler
772.**A simples arte de matar** (vol.2) – R. Chandler
773.**Snoopy: No mundo da lua! (8)** – Charles Schulz
774.**Os Quatro Grandes** – Agatha Christie
775.**Um brinde de cianureto** – Agatha Christie
776.**Súplicas atendidas** – Truman Capote
777.**Ainda restam aveleiras** – Simenon
778.**Maigret e o ladrão preguiçoso** – Simenon
779.**A viúva imortal** – Millôr Fernandes
780.**Cabala** – Roland Goetschel
781.**Capitalismo** – Claude Jessua
782.**Mitologia grega** – Pierre Grimal
783.**Economia: 100 palavras-chave** – Jean-Paul Betbèze
784.**Marxismo** – Henri Lefebvre
785.**Punição para a inocência** – Agatha Christie
786.**A extravagância do morto** – Agatha Christie
787(13).**Cézanne** – Bernard Fauconnier
788.**A identidade Bourne** – Robert Ludlum
789.**Da tranquilidade da alma** – Sêneca
790.**Um artista da fome** *seguido de* **Na colônia penal e outras histórias** – Kafka
791.**Histórias de fantasmas** – Charles Dickens
792.**A louca de Maigret** – Simenon
793.**O amigo de infância de Maigret** – Simenon
794.**O revólver de Maigret** – Simenon
795.**A fuga do sr. Monde** – Simenon
796.**O Uraguai** – Basílio da Gama
797.**A mão misteriosa** – Agatha Christie
798.**Testemunha ocular do crime** – Agatha Christie
799.**Crepúsculo dos ídolos** – Friedrich Nietzsche
800.**Maigret e o negociante de vinhos** – Simemon
801.**Maigret e o mendigo** – Simenon
802.**O grande golpe** – Dashiell Hammett
803.**Humor barra pesada** – Nani
804.**Vinho** – Jean-François Gautier
805.**Egito Antigo** – Sophie Desplancques
806(14).**Baudelaire** – Jean-Baptiste Baronian
807.**Caminho da sabedoria, caminho da paz** – Dalai Lama e Felizitas von Schönborn
808.**Senhor e servo e outras histórias** – Tolstói
809.**Os cadernos de Malte Laurids Brigge** – Rilke
810.**Dilbert (5)** – Scott Adams
811.**Big Sur** – Jack Kerouac
812.**Seguindo a correnteza** – Agatha Christie
813.**O álibi** – Sandra Brown
814.**Montanha-russa** – Martha Medeiros
815.**Coisas da vida** – Martha Medeiros
816.**A cantada infalível** *seguido de* **A mulher do centroavante** – David Coimbra
817.**Maigret e os crimes do cais** – Simenon
818.**Sinal vermelho** – Simenon
819.**Snoopy: Pausa para a soneca (9)** – Charles Schulz
820.**De pernas pro ar** – Eduardo Galeano
821.**Tragédias gregas** – Pascal Thiercy
822.**Existencialismo** – Jacques Colette
823.**Nietzsche** – Jean Granier
824.**Amar ou depender?** – Walter Riso
825.**Darmapada: A doutrina budista em versos**
826.**J'Accuse...! – a verdade em marcha** – Zola
827.**Os crimes ABC** – Agatha Christie
828.**Um gato entre os pombos** – Agatha Christie
829.**Maigret e o sumiço do sr. Charles** – Simenon
830.**Maigret e a morte do jogador** – Simenon
831.**Dicionário de teatro** – Luiz Paulo Vasconcellos
832.**Cartas extraviadas** – Martha Medeiros
833.**A longa viagem de prazer** – J. J. Morosoli
834.**Receitas fáceis** – J. A. Pinheiro Machado
835.(14).**Mais fatos & mitos** – Dr. Fernando Lucchese
836.(15).**Boa viagem!** – Dr. Fernando Lucchese
837.**Aline: Finalmente nua!!!** (4) – Adão Iturrusgarai
838.**Mônica tem uma novidade!** – Mauricio de Sousa
839.**Cebolinha em apuros!** – Mauricio de Sousa
840.**Sócios no crime** – Agatha Christie
841.**Bocas do tempo** – Eduardo Galeano
842.**Orgulho e preconceito** – Jane Austen
843.**Impressionismo** – Dominique Lobstein
844.**Escrita chinesa** – Viviane Alleton
845.**Paris: uma história** – Yvan Combeau
846(15).**Van Gogh** – David Haziot
847.**Maigret e o corpo sem cabeça** – Simenon
848.**Portal do destino** – Agatha Christie
849.**O futuro de uma ilusão** – Freud
850.**O mal-estar na cultura** – Freud
851.**Maigret e o matador** – Simenon
852.**Maigret e o fantasma** – Simenon
853.**Um crime adormecido** – Agatha Christie
854.**Satori em Paris** – Jack Kerouac
855.**Medo e delírio em Las Vegas** – Hunter Thompson
856.**Um negócio fracassado e outros contos de humor** – Tchékhov
857.**Mônica está de férias!** – Mauricio de Sousa
858.**De quem é esse coelho?** – Mauricio de Sousa
859.**O burgomestre de Furnes** – Simenon
860.**O mistério Sittaford** – Agatha Christie
861.**Manhã transfigurada** – Luiz Antonio de Assis Brasil
862.**Alexandre, o Grande** – Pierre Briant
863.**Jesus** – Charles Perrot
864.**Islã** – Paul Balta
865.**Guerra da Secessão** – Farid Ameur
866.**Um rio que vem da Grécia** – Cláudio Moreno
867.**Maigret e os colegas americanos** – Simenon
868.**Assassinato na casa do pastor** – Agatha Christie
869.**Manual do líder** – Napoleão Bonaparte
870(16).**Billie Holiday** – Sylvia Fol
871.**Bidu arrasando!** – Mauricio de Sousa
872.**Desventuras em família** – Mauricio de Sousa
873.**Liberty Bar** – Simenon

874.**E no final a morte** – Agatha Christie
875.**Guia prático do Português correto – vol. 4** – Cláudio Moreno
876.**Dilbert (6)** – Scott Adams
877(17).**Leonardo da Vinci** – Sophie Chauveau
878.**Bella Toscana** – Frances Mayes
879.**A arte da ficção** – David Lodge
880.**Striptiras (4)** – Laerte
881.**Skrotinhos** – Angeli
882.**Depois do funeral** – Agatha Christie
883.**Radicci 7** – Iotti
884.**Walden** – H. D. Thoreau
885.**Lincoln** – Allen C. Guelzo
886.**Primeira Guerra Mundial** – Michael Howard
887.**A linha de sombra** – Joseph Conrad
888.**O amor é um cão dos diabos** – Bukowski
889.**Maigret sai em viagem** – Simenon
890.**Despertar: uma vida de Buda** – Jack Kerouac
891(18).**Albert Einstein** – Laurent Seksik
892.**Hell's Angels** – Hunter Thompson
893.**Ausência na primavera** – Agatha Christie
894.**Dilbert (7)** – Scott Adams
895.**Ao sul de lugar nenhum** – Bukowski
896.**Maquiavel** – Quentin Skinner
897.**Sócrates** – C.C.W. Taylor
898.**A casa do canal** – Simenon
899.**O Natal de Poirot** – Agatha Christie
900.**As veias abertas da América Latina** – Eduardo Galeano
901.**Snoopy: Sempre alerta! (10)** – Charles Schulz
902.**Chico Bento: Plantando confusão** – Mauricio de Sousa
903.**Penadinho: Quem é morto sempre aparece** – Mauricio de Sousa
904.**A vida sexual da mulher feia** – Claudia Tajes
905.**100 segredos de liquidificador** – José Antonio Pinheiro Machado
906.**Sexo muito prazer 2** – Laura Meyer da Silva
907.**Os nascimentos** – Eduardo Galeano
908.**As caras e as máscaras** – Eduardo Galeano
909.**O século do vento** – Eduardo Galeano
910.**Poirot perde uma cliente** – Agatha Christie
911.**Cérebro** – Michael O'Shea
912.**O escaravelho de ouro e outras histórias** – Edgar Allan Poe
913.**Piadas para sempre (4)** – Visconde da Casa Verde
914.**100 receitas de massas light** – Helena Tonetto
915(19).**Oscar Wilde** – Daniel Salvatore Schiffer
916.**Uma breve história do mundo** – H. G. Wells
917.**A Casa do Penhasco** – Agatha Christie
918.**Maigret e o finado sr. Gallet** – Simenon
919.**John M. Keynes** – Bernard Gazier
920(20).**Virginia Woolf** – Alexandra Lemasson
921.**Peter e Wendy** *seguido de* **Peter Pan em Kensington Gardens** – J. M. Barrie
922.**Aline: numas de colegial (5)** – Adão Iturrusgarai
923.**Uma dose mortal** – Agatha Christie
924.**Os trabalhos de Hércules** – Agatha Christie
925.**Maigret na escola** – Simenon
926.**Kant** – Roger Scruton
927.**A inocência do Padre Brown** – G.K. Chesterton
928.**Casa Velha** – Machado de Assis
929.**Marcas de nascença** – Nancy Huston
930.**Aulete de bolso**
931.**Hora Zero** – Agatha Christie
932.**Morte na Mesopotâmia** – Agatha Christie
933.**Um crime na Holanda** – Simenon
934.**Nem te conto, João** – Dalton Trevisan
935.**As aventuras de Huckleberry Finn** – Mark Twain
936(21).**Marilyn Monroe** – Anne Plantagenet
937.**China moderna** – Rana Mitter
938.**Dinossauros** – David Norman
939.**Louca por homem** – Claudia Tajes
940.**Amores de alto risco** – Walter Riso
941.**Jogo de damas** – David Coimbra
942.**Filha é filha** – Agatha Christie
943.**M ou N?** – Agatha Christie
944.**Maigret se defende** – Simenon
945.**Bidu: diversão em dobro!** – Mauricio de Sousa
946.**Fogo** – Anaïs Nin
947.**Rum: diário de um jornalista bêbado** – Hunter Thompson
948.**Persuasão** – Jane Austen
949.**Lágrimas na chuva** – Sergio Faraco
950.**Mulheres** – Bukowski
951.**Um pressentimento funesto** – Agatha Christie
952.**Cartas na mesa** – Agatha Christie
953.**Maigret em Vichy** – Simenon
954.**O lobo do mar** – Jack London
955.**Os gatos** – Patricia Highsmith
956.**Jesus** – Christiane Rancé
957.**História da medicina** – William Bynum
958.**O morro dos ventos uivantes** – Emily Brontë
959.**A filosofia na era trágica dos gregos** – Nietzsche
960.**Os treze problemas** – Agatha Christie

IMPRESSÃO:

GRÁFICA EDITORA
Pallotti
IMAGEM DE QUALIDADE

Santa Maria - RS - Fone/Fax: (55) 3220.4500
www.pallotti.com.br